Rich致富 360

2040世界未來報告書

太空淘金、人機共生、移動革命、能源戰爭、ESG策略，疫後時代如何抓住正在崛起的工作與商機？

朴英淑（Youngsook Park）
傑羅姆・格倫（Jerome Glenn）◎合著

金學民◎譯

高寶書版集團

全球未來學研究智庫

千禧年計畫

The Millennium Project

「千禧年計畫」位於美國華盛頓，是一個專門研究全球未來的組織，目前正與聯合國及其下屬研究機構、歐盟、經濟合作暨發展組織（OECD）等各個國際機構密切合作，為了人類的永續發展而持續研究各種問題的解決方案。

千禧年計畫源自 1988 年聯合國的「新千禧年未來預測計畫」，於 1996 年創立成為非政府組織（NGO）。本計畫從 1996 年到2007 年接受聯合國大學（United Nations University）、聯合國大學美國理事會（American Council）金援，於 2008 年轉移到聯合國經濟及社會理事會旗下聯合國協會世界聯合會（World Federation of United Nations Associations，WFUNA），並於 2009 年獨立成國際非政府組織。

千禧年計畫在全球有 66 個分部，由 4,500 位各領域的政府官員、企業家、學者及專家擔任理事，他們提出「十五項地球村大挑戰」的解決對策與國際社會的長期願景，並分析其中的機會與危機，也提供必要的政策與策略建議。他們正在透過科學預測未來，提前警告大眾未來社會可能發生的危險。

　　《世界未來報告書》（State of the Future）是一份由參與千禧年計畫的 4500 多名專家利用未來狀況指數 [1]、即時德菲法 [2]、未來輪 [3]、情景分析法等各種預測方法預測十年後的未來，並分析各國際機構的先行研究後，向各國未來研究小組、聯合國等組織提供的報告。千禧年計畫會在世界未來學會（World Future Society，WFS）的年度會議上發表此報告。

　　千禧年計畫的韓國分部為社團法人聯合國未來論壇。

1　State of the Future Index（SoFI），此處指的是透過某組選定變量二十年來的歷史數據評估未來十年展望的指標，這些變量組合起來可描述潛在的系統性變化。

2　Real-Time Delphi（RTD），此處指的是透過線上調查問券收集多位專家的意見，經綜合分析與討論後得出結果的研究方法。

3　Futures Wheel，此處指的是透過圖形可視化直接或間接預測特定變化或發展所帶來之較長遠影響或結果的研究方法。

千禧年計畫網路（按英文字母順序）

阿根廷 Argentina
Miguel Angel Gutierrez
Latin American Center for
Globalization & Prospective
Buenos Aires, Argentina

澳洲 Australasia
Anita Kelleher
Designer Futures
Inglewood, Australia

亞塞拜然 Azerbaijan
Reyhan Huseynova
Azerbaijan Future Studies Society
Baku, Azerbaijan

玻利維亞 Bolivia
Veronica Agreda
Franz Tamayo University
La Paz & Santa Cruz, Bolivia

巴西 Brazil
Arnoldo José de Hoyos
São Paulo Catholic University
São Paulo, Brazil

Rosa Alegria
Perspektiva
São Paulo, Brazil

比利時 Brussels-Area

Philippe Destatte
The Destree Institute
Namur, Belgium

保加利亞 Bulgaria
Mariana Todorova
Bulgarian Academy
School for of Sciences

Boyan Ivantchev
Advance Equity and Finance and
Insurance
Sofia, Bulgaria

加拿大 Canada
Karl Schroeder
Idea Couture
Toronto, ON, Canada

智利 Chile
Luis Lira
EspecialistaenDesarrollo y Planificación
Territorial
Santiago, Chile

中國 China
Zhouying Jin
Chinese Academy of Social Sciences
Beijing, China

哥倫比亞 Colombia

Francisco José Mojica
Universidad Externado
Bogotá, Colombia

克羅埃西亞 Croatia

Zoran Aralica and Diana Šimic
Croatian Institute for Future Studies
Zagreb, Croatia

捷克 Czech Republic

Pavel Novacek
Palacky University
Olomouc, Czech Republic

多明尼加 Dominican Republic

Yarima Sosa
FUNGLODE
Santo Domingo, Dominican Republic

埃及 Egypt

Kamal Zaki Mahmoud Shaeer
Egyptian-Arab Futures Research Ass.
Cairo, Egypt

芬蘭 Finland

Sirkka Heinonen
Finland Futures Research Centre
Helsinki, Finland

法國 France

Saphia Richou

Prospective-Foresight Network
Paris, France

德國 Germany

Cornelia Daheim
Future Impacts Consulting
Cologne, Germany

希臘 Greece

Stavros Mantzanakis
Emetris SA
Thessaloniki, Greece

Cristofilopoulos Epaminondas
Phemonoe Lab/Emetris, SA
Thessaloniki, Greece

科威特 Gulf Region

Ismail Al-Shatti
Gulf Inst. for Futures and
Strategic Studies
Kuwait City, Kuwait

Ali Ameen
Kuwait Oil Company
Kuwait City, Kuwait

匈牙利 Hungary

ErzsébetNováky
Corvinus University of
Budapest

Budapest, Hungary

Mihály Simai
Hungarian Academy of Sciences
Budapest, Hungary

印度 India
Mohan K. Tikku Sudhir Desai
Futurist/Journalist Srishti Institute
New Delhi, India New Delhi, India

伊朗 Iran
Mohsen Bahrami
Iranian Space Organization
Tehran, Iran

以色列 Israel
Yair Sharan
The EPI/FIRST
Jerusalem, Israel

Aharon Hauptman
Tel Aviv University
Tel Aviv, Israel

義大利 Italy
Mara DiBerardo
J&J Production Company
Teramo Area, Italy

日本 Japan

Sungjoo Ogino
Chiba, Japan

Shinji Matsumoto
CSP Corporation
Tokyo, Japan

肯亞 Kenya
Arthur Muliro
Society for International Development
Nairobi, Kenya

大韓民國 Republic of Korea
Youngsook Park
UN Future Forum
Seoul, Republic of Korea

馬來西亞 Malaysia
Carol Wong
Genovasi
Kuala Lumpur, Malaysia

墨西哥 Mexico
Concepción Olavarrieta
El Proyecto Del Milenio, A.C.
Mexico City, Mexico

蒙特內哥羅 Montenegro
Milan Maric
S&T Montenegro
Podgorica, Montenegro

巴基斯坦 Pakistan

Puruesh Chaudhary
AGAHI and Foresight Lab
Islamabad, Pakistan

Shahid Mahmud
Interactive Group
Islamabad, Pakistan

巴拿馬 Panama

Gabino Ayarza Sánchez
City of Knowledge Foundation
Clayton
Ancón, Panama City, Panama

秘魯 Peru

Fernando Ortega
Peruvian Association of Prospective
and Future Studies
Lima, Peru

波蘭 Poland

Norbert Kolos and Piotr Jutkiewicz
4CF–Strategic Foresight
Warsaw, Poland

羅馬尼亞 Romania

Adrian Pop
Centre for Regional and Global Studies
Romanian Scientific Society for
Interdisciplinary

Research
Bucharest, Romania

南非共和國 South Africa

Rasigan Maharajh
Tshwane University of Technology
Tshwane, South Africa

西班牙 Spain

Ibon Zugasti
PROSPEKTIKER, S.A.
Donostia-San Sebastian, Spain

俄羅斯 Russia

Nadezhda Gaponenko
Institute for Economy, Policy & Law
Moscow, Russia

美國 USA

Brock Hinzmann
Futurist Consultant
Palo Alto, CA, USA

John J. Gottsman
Clarity Group
San Francisco, CA, USA

斯洛伐克 Slovakia

Ivan Klinec
Academy of Science
Bratislava, Slovakia

斯洛維尼亞 **Slovenia**
Blaz Golob
SmartIScity Ltd.
Ljubljana, Slovenia

坦尚尼亞 **Tanzania**
Ali Hersi
Society for International Development
Dar es Salaam, Tanzania

土耳其 **Turkey**
Eray Yuksek
Turkish Futurists Association
Istanbul, Turkey

烏干達 **Uganda**
Arthur Muliro
Society for International Development
Kampala, Uganda

阿拉伯聯合大公國 **United Arab Emirates**
Hind Almualla
Knowledge and Human
Development Authority
Dubai, UAE

Paul Epping
Philips Healthcare
Dubai, UAE

英國 **United Kingdom**
Rohit Talwar
Fast Future Research
London, England, UK

烏拉圭 **Uruguay**
Lydia Garrido
FacultadLatinoamericana de
CienciasSociales– FLACSO
Montevideo, Uruguay

委內瑞拉 **Venezuela**
José Cordeiro
Red Iberoamericana de Prospectiva,
RIBER
Caracas, Venezuela

藝術／媒體網路 **Arts/Media-Node**
Kate McCallum
c3: Center for Conscious Creativity
Los Angeles, CA, USA

元智人必須知道的
20 個未來代碼

未來代碼 01

元富足

全世界將變得越來越富足。隨著全球中產階級人口不斷增加，極端貧窮人口相對呈現出了持續減少的趨勢。隨著高頻寬／低成本通訊、無處不在的雲端人工智慧（Artificial Intelligence，AI）、AI輔助教育和基於AI的醫療不斷發展，全世界正在變得越來越富足。金融、保險、教育、娛樂領域不僅在數位化，且正與虛擬實境融入到元宇宙世界裡。多虧了有這些變化，產業將擴張到更多元的領域，因而創造出來的機會和利潤也會相當可觀。

未來代碼 02

元連結

　　全球 10 億位元連結將以極低的成本連接所有人和所有物體，不受空間的限制。若 6G 上市，且一網（OneWeb）、星鏈（Starlink）等各種全球衛星網路問世，人類將變得能連接數兆台裝置。理論上，6G 是一種最高傳輸速度比 5G 快 50 倍的通訊技術，每秒能傳輸 1 兆位元（Terabit），傳輸速度無比驚人。此外，所有人將能利用無所不在但又低廉的網路進行溝通。得益於超連結（Hyper-connection）飛速擴散，今後將再有 30 億人能上網，全球經濟將增長數十兆美元。低成本太空網路、硬體的發展、5G 網路、AI、材料科學和快速提升的計算能力將結合在一起，推動這個未來代碼。

未來代碼 03

元長壽

　　人類的健康平均餘命將增加十年以上。目前處於第一至三期臨床試驗的十二項劃時代生物技術和製藥解決方案，預計在十年內就能供應給消費者。這些技術和解決方案包含幹細胞的供應和修復、Wnt 訊息傳遞路徑調控、抗衰老藥物（Senolytic Medicines）、GDF-11、NMN/NAD+ 的補充等。隨著機器學習不斷發展，AI 將加快新藥的開發速度，而已經準備好進行臨床試驗的各種候選新藥將有助於延長壽命。在基因組定序、CRISPR 基因編輯技術、AI、量子計算和細胞醫學的結合下，這個趨勢將進一步加速。

未來代碼 04

元資本

　　若資本變得充裕，我們就能將資本用在各種需要這筆資金的地方。過去幾年，種子資本、創業資金、主權財富基金投資等全球資本的流動量都創下了歷史新高。雖然這個趨勢可能會因為今後經濟成長停滯而稍有起伏，但整體上仍會維持在上升軌道上。豐富的資本將被用於實現創新且充滿想像力的創業理念，並為各種測試提供幫助。豐富的資本最終會加快創新的速度。截至 2025 年，群眾募資規模預計會達到 3000 億美元，全世界企業家的資本運用正變得越來越民主化。全球連結性、去物質化、民主化和趨向民主化將主導這個變化。

未來代碼 05

元宇宙（Metaverse）與虛擬化身

　　隨著網路變得無處不在，擴增實境和空間網路將變得更強大。從小商店到廣告、教育、金融、娛樂、政治，擴增實境和空間網路正在給各個產業和領域帶來重大的影響。消費者將活在由數位構成的虛擬世界，整天在這裡玩耍、學習、購物。使用者將能透過虛擬化身度過與現實不同的生活，甚至可以在這裡從事經濟活動。這樣的未來有望在硬體、5G 網路、AI、區塊鏈、深度真實（Deep Real）技術、計算能力的結合下進一步加速發展。

未來代碼 06

元感測器

　　隨著低成本微型感測器爆增以及高頻寬網路問世，我們將在十年內迎接一個所有設備皆被智慧化的世界。由於玩具搭載了感測器，孩子們的玩具將會記住孩子們的臉和名字；家裡的窗戶會自動打開、音響會自動播放我們喜歡的音樂、空調會自動調節室內溫度；如果有孩子舉辦生日派對，為了確保所有參加派對的孩子們能平安到家，無人機會確實跟在孩子們身邊並傳送影像給家長。此外，牙刷、馬桶、被子等我們使用的所有東西都將搭載智慧型感測器，我們可以利用穿戴式裝置即時確認並管理我們的健康狀況。感測器會仔細診斷血糖值、心率、血壓、有無感染病毒、血液或細胞的狀態等所有身體狀況，若檢測到異常，感測器不僅會通知使用者，還會提供治療方法。

未來代碼 07

元人工智慧

　　正如科學家兼未來學家雷蒙・庫茲維爾（Raymond Kurzweil）所預測，AI 的性能將在 2030 年前高度發展到人類水平。2020 年代，AI 演算法和機器學習工具將變成能在雲端使用的開放原始碼，任何人都可以利用。因此，只要能連上網路，就能改善認知能力、提升問題解決能力並做出新的挑戰。全球高頻寬連接、神經網路和雲端運算將相互融合，主導這個未來代碼。工業設計、醫療、教育、娛樂等所有產業都將受到影響，發展出與現在截然不同的面貌。

未來代碼 08

AI－人類協作

　　「人工智慧即服務」（AI as a Service，AIaaS）平台的興起，將使人類能在所有產業與 AI 協作，建立合作夥伴關係，而這種合作夥伴關係可預期會出現在所有領域的工作。AI 將扎根於一般商業營運活動，並支援創造性的工作，幫助我們想出新的點子。AI 將使過去難以實現的創新點子化為可能，並成為人類同事的「認知（Cognitive）夥伴」。甚至在某些領域，與 AI 協作可能會變成必要條件。舉例來說，假如未來規定醫生在做出某項診斷前必須先接受 AI 諮詢，那在沒有 AI 的情況下自行做出診斷的行為可能會被視為過失。

未來代碼 09

與人工智慧機器人共生

　　為了提高生活品質，大部分的人將使用類似電影《鋼鐵人》（Iron Man）中的 AI 助理「賈維斯」（JARVIS）的「軟體殼層」（Software Shell）。隨著 Alexa、Google Home、Apple Homepod 等服務的功能增加，這類服務的使用範圍將會擴大，可以在家以外的地方使用。這些服務將會變成與賈維斯類似又安全的軟體殼層，我們能賦予其 24 小時聽取所有對話、閱讀電子郵件、監測血液化學的權限。這種能存取資料的 AI 輔助軟體殼層會學習使用者的愛好，並預測用戶的需求。隨著具有伴侶功能的機器人、從事醫療行為的機器人、幫助失智症患者的機器人、性愛機器人等各種機器人普及，機器人將在人類所需的所有領域提供支援並幫助人類解決問題。

未來代碼 10

元可再生能源

全世界都將會使用豐富且價格低廉的可再生能源。太陽能、風能、地熱能、水力能、核能和局部電網的持續發展,將引領人類迎接一個可再生能源便宜又豐富的世界。可再生能源的價格將降到每度(又稱千瓦時,英文縮寫為 kWh)不到 1 美分,這將使儲能系統的使用費降到每度不到 3 美分。全球大部分的化石燃料將因此被可再生能源替代。

未來代碼 11

元預防保險

　　保險業正在從「發生危險後挽救」轉向「預防風險」。目前的火災保險都是在房屋或建築物被燒毀後給付保險金，人壽保險則是在被保險人死亡後給付保險金給受益人，健康保險只會在我們生病去醫院或吃藥時才會生效。但在接下來的十年，新一代保險供應商將發展成不同的型態。保險公司將結合機器學習、無處不在的感測器、低成本基因組定序和機器人學，提前偵測危險，預防災難發生，並在發生費用前給付準備金，以確保被保險人的安全。

未來代碼 12

元交通工具

　　在不久後的將來，自動駕駛汽車、飛行汽車、超迴路列車（Hyperloop，又稱超級高鐵）將變得更快、更便宜，並且會使人類的旅行型態變得與過去截然不同。全自動駕駛汽車、汽車即服務（Car-as-a-Service）和空中共乘（飛行汽車）將在未來十年內於主要大都市和大部分的地區全面行駛、營運。運輸成本將降到目前的30％以下，使房地產、金融、保險、材料經濟和都市計畫產生變化。如果建成超迴路列車，日常生活中距離的概念將被重新定義。此外，貨物業和運輸業的碳足跡會減少，電子商務領域的效率會大幅提升，超迴路列車將在各個產業帶動創新。超迴路列車是一種會讓人類的生活達到另一個境界的交通工具。這種交通工具的變化將大幅改變人類的生活方式和模式。機器學習、感測器、材料科學、得到改善的電池儲能技術和無處不在的10億位元連結將相互融合，主導這個未來代碼。

未來代碼 13

元下單・生產・配送

　　客製化生產服務和客製化配送服務將能立刻做出產品、立刻送到客戶手裡。我們還能將個人健康相關資料提供給專門用 3D 列印機製作食品的公司，訂購客製化食品。此外，個人基因組分析技術的進步將會促進個人化醫療的發展，醫院將能夠根據患者的基因，調製出個人化藥品。使用無人機和機器人的最後一哩配送（Last Mile Delivery） 服務則將使產品供應方能更容易提供服務。由於我們可以馬上收到想要的商品，就算說家家戶戶門前將有一個倉庫也不為過。我們甚至不需要擔心會有食品腐敗、庫存囤積的問題。這種經濟活動不僅會進一步加快數位化和 3D 列印農場技術的發展，還會使客戶能隨時隨地在幾小時內收到個人化產品。網路、3D 列印、機器人學、基因組分析技術和 AI 將相互融合，主導這個創新性的未來代碼。

未來代碼 14

元物聯網

　　我們將變得能隨時隨地偵測一切、掌握一切。我們正在飛速邁向一個將有 1000 億台感測器對環境各方面進行監測和偵測（影像、聲音、測量）的時代。全球成像衛星、無人機、自動駕駛汽車、光達（LIDAR）和面向未來的 AR 頭戴式裝置的攝影機都是全球感測器矩陣的一部分。基於地面、大氣和太空的感測器、龐大的數據網路和機器學習將相互融合，主導這個變化。在元物聯網的發展下，以後最重要的將會是「我們提出的問題水準有多高」，而不是「我們知道什麼」。

未來代碼 15

比我們還了解我們的 AI

　　AI 正在滲透到我們日常生活的每個角落。使用者定義 AI 正在儲存我們的所有數據並不斷地學習，因此它們比我們還了解我們喜歡什麼、想要什麼、該買什麼。我們不僅會信任 AI，甚至會依賴 AI，AI 則會做出大部分的購買決定。因此，AI 個人助理將會負責進行大部分的購物活動。AI 會掌握我們過去的欲望和現在缺乏的東西，完美看透我們的喜好。此外，AI 將會基於我們允許其聽到的對話，準確購買我們想要和需要的東西。若這種現象加速發展，普通的廣告將會失去意義。由於利用人類的心理說服消費者的廣告在 AI 面前起不了作用，廣告業將迎來終結。機器學習、感測器、擴增實境和 5G 網路將相互融合，主導這個變化。

未來代碼 16

元培植肉

　　細胞農業將從實驗室轉移到市中心，生產更便宜、更健康的優質蛋白質和培植肉。更合乎倫理、更有營養、具有環境永續性的蛋白質生產系統將在十年內問世。這種細胞培養食品將會帶給我們這一萬年來最驚人的食品創新。基於幹細胞的「細胞農業」將有效生產比現有糧食更營養的食品。此外，細胞農業不僅能大幅減少碳足跡，其還能隨時隨地生產牛肉、雞肉和魚肉。生物技術、材料科學、機器學習和農業科技（AgTech）將相互融合，促進元培植肉和糧食革命的發展。

未來代碼 17

元腦機介面

　　高頻寬腦機介面（Brain-Computer Interfaces，BCI）將在線上開放給人們使用。雷蒙・庫茲維爾預測，2030 年代中期人類的大腦皮質將能連接到雲端。腦機介面技術將在十年內取得巨大的進展，先為脊髓損傷患者提供服務，讓患者的感覺能力和運動控制能力得到恢復。除了支援喪失運動功能的患者外，也有不少腦機介面領域的先驅們正在研究該如何改善基本認知能力，來提升感覺、記憶力和智力。今後人類只要透過腦機介面連上虛擬空間裡的虛擬化身，就能在元宇宙裡度過全新的人生。電影《阿凡達》（Avatar）、《駭客任務》（The Matrix）、《一級玩家》（Ready Player One）中的幻想世界將化為現實。元腦機介面將在材料科學、機器學習和機器人學的融合下得到進一步的發展。

未來代碼 18

用虛擬化身購物

　　高解析度的 VR 元宇宙將改變零售業和房地產業。無論服飾或房地產，我們只要戴上輕量型高解析度 VR 頭戴式裝置，就能舒適地坐在自家客廳購買任何東西。舉例來說，需要購買衣服時，AI會依照我們詳細的身體尺寸和喜好，讓虛擬化身穿上 20 多套最新設計的服飾，直接來場時裝秀。讓長得和我們一樣的虛擬化身試穿衣服或試妝，將成為日常生活的一部分。需要購買家具時，我們可以在跟自己家一樣的虛擬空間裡，試擺家具或套用新的室內裝潢，讓挑選過程更輕鬆。虛擬實境、機器學習、高頻寬網路的融合將促進虛擬化身的發展。

未來代碼 19

元永續性

隨著自然災害不斷發生，人們對環境問題的擔憂正在加劇，環保意識也在抬頭。作為解決方案，世界各國企業正在關注 ESG 管理的必要性並為此付諸行動。ESG 的關鍵為永續性。其指當前世代努力避免浪費或耗盡後代子孫的經濟、社會、環境資源，讓這三者達到協調與平衡的狀態。全世界都在加快可再生能源的開發，企業們正在實施具體的碳中和策略。此外，隨著材料科學取得劃時代的發展，企業們變得能大幅減少廢棄物和環境汙染，一家公司的廢棄物將會變成能使另一家公司獲利的材料。材料科學、AI 和寬頻網路的融合將使我們能為人類和地球的永續性付出努力。

未來代碼 20

元 CRISPR 基因編輯技術

　　CRISPR 基因編輯技術是一種用來治療過去被認為是絕症的疾病的關鍵技術。目前人類已經可以治療愛滋病、伊波拉等諸多傳染病。基因編輯技術得到了高度發展，其準確度和易用性變得相當卓越，且能治療數百種遺傳性疾病。有了這項技術，我們就不需要照單全收所有的先天性遺傳優勢和劣勢。因為人類將能利用基因操作和編輯做出遺傳優勢。基因編輯技術最終將發展到能治療所有疾病的程度，從而減緩人類衰老的速度，並為突破人類壽命的極限做出貢獻。基因剪刀 CRISPR、基因編輯等各種生物技術、基因組定序和 AI 將相互融合，主導 CRISPR 基因編輯技術的發展。

目錄
Contents

第 1 章　New Space Odyssey
太空淘金時代已揭開帷幕

第 **2** 章 Living with a Robot
與機器人共生的世界即將到來

目錄
Contents

第 **3** 章　AI Metaverse
AI 元宇宙，另一個新數位世界

第 4 章　Anti-Aging
對抗衰老和死亡

目錄
Contents

第 6 章　ESG Management
為了公司的未來，請建立 ESG 生存策略

作者序
未來，元智人將活在
想像力和科技結合創造出來的新世界

　　人類在經歷新冠大流行並為了存活下來而重新開始一切的過程中，迎來了前所未有的大變革。這場大流行使得原本就已經出現的變化趨勢提前了將近二十年。雖然這個快速的變化引起了許多混亂，但對未來學家們而言，能看到處處發生著變化且未來提前到來是件令人激動不已的事，因為這些學者們可以親眼見證自己所預測的未來正在一個個化為現實。這個毫無預警地找上門來的變化將會根據我們的應對方式變成危機或化為轉機。今後還會有哪些令人驚訝的未來在等著我們呢？這個問題著實令人感到好奇。

變化與創新的巨浪掀起，新的歷史揭開序幕

　　新冠疫情帶來了相當多的變化。其中，變化最顯著的當然就是需要有人潮聚集才會繁榮的產業。航空及機場行業、旅遊及觀光

業、飯店等住宿業、餐廳及吃到飽等餐飲業、百貨公司、超市、演唱會及音樂劇等表演產業、運動產業、婚喪喜慶相關產業、學校及補習班等教育產業、石化業、港口港灣造船業等產業依舊未能找回昔日的輝煌。

不過也有取代這些產業的新產業正在興起。隨著航空及機場行業消失，導致人們的移動受到限制，視訊會議 Zoom 隨之興起，虛擬實境取代了旅遊和觀光。也就是說，我們現在能在虛擬實境中拜訪我們無法親自前往的各個國家。非接觸式服務的發展、訂閱經濟的熱絡成長、元宇宙的興起正在改變產業型態，並帶我們邁向新的未來。我們可以在自家廚房製作餐點後，利用訂閱經濟經營送餐事業，而不是經營市場必然會萎縮的實體餐廳。我們可以收取小額的訂閱費後，舉辦旅遊、活動、演唱會，也可以在線上百貨公司或超市販售商品。我們不再需要店面，也不用擔心會有庫存囤積的問題，因此這對我們來說反而更有利。

我們也不用擔心沒辦法讓觀眾進入演唱會場地或音樂廳。我們只要在虛擬空間「元宇宙」裡舉行演唱會即可。從饒舌歌手崔維斯・史考特（Travis Scott）到防彈少年團（BTS）、BLACKPINK，已經有許多歌手在虛擬世界「元宇宙」裡舉行演唱會和簽名會並獲得了熱烈的反響，這預示著這種型態的演唱會有著成功的可能性。

元宇宙的發展幾乎會給所有領域帶來充滿可能性的機會。尤其是在教育領域，元宇宙將被高度利用。只要進入元宇宙，大部分的教育服務都會變成免費的版本。我們能在宛如宇宙的空間裡，探

索眼前的無數顆行星。我們不再需要一邊轉地球儀一邊學習。在元宇宙裡，我們可以體驗其他國家的地理和歷史特色、氣候危機帶來的變化、融化的冰川、上升的海平面、乾旱、地震、海嘯……學習將不再受到課本的束縛。AI 機器人教師也將在不久後的未來登場，連接大腦和電腦的腦機介面技術將會為教育領域帶來一大革新。

將成為新文明軸心的6大趨勢

千禧年計畫預測了新冠大流行後人類將會面臨的變化以及世界將會發展出的面貌，並將這些內容寫入了《2040 世界未來報告書》。無論是渴望飛向宇宙，還是不斷對衰老和死亡做出挑戰，人類一直都嚮往超越極限，而科技的發展讓我們得以親眼見證人類夢想和想像的世界逐漸化為現實。我們經歷了新冠大流行與文明劇變，並迎來了與過去截然不同的世界。想像力和科技將相互結合創造出新的世界，而本書把今後將活在這個新世界的新人類稱為「元智人」（Meta Sapiens）。

為了預測元智人將活在什麼樣的世界，本書整理出了將成為新文明軸心的 6 個「元趨勢」（Metatrend）：太空時代、與機器人共生、元宇宙、終結衰老、克服氣候危機、ESG 管理。

隨著太空發展時代正式啟動，太空產業正在成為美國、中國、俄羅斯和歐洲角逐的戰場。一直以來高度關注生物技術並引領各種

研究的全球最頂級 IT 企業的巨頭們，現在正紛紛投身於太空產業，並不斷擴大版圖。在不久後的將來，人類將會到太空度假並移居到外太空。

AI 機器人的發展也正在取得顯著的創新。能看護失智老人或充當護理輔助員的類人型機器人「格蕾絲」（Grace）等各式各樣的伴侶機器人已變得相當普及，從事曾被認為是人類專利的「藝術活動」的機器人、與人類做愛的機器人也早已問世。機器人教師、機器人護士、機器人廚師、機器人調酒師、機器人配送、機器人自動駕駛汽車……人機共生已成了不可抗拒的現實。今後，人類將與機器人相愛，與機器人合作，在機器人的照料下跟機器人一起生活。

存在於現實世界和虛擬世界交匯之處的元宇宙開啟了創新世界的大門。這裡包含所有的虛擬世界、擴增實境、NuNet 等新網路，這些網路將會像三十年前的全球資訊網改變產業格局。因此至 2030 年，最值得我們關注的就是虛擬化身經濟。人類將不再只以一種身分，固定在某一個地方生活。人類將進入各種虛擬空間，選擇性地展現出符合自己個性的自我，並透過虛擬化身活在這些空間裡。在元宇宙時代，打造虛擬化身和數位物件是表達自我的主要方式，因此，虛擬化身將變得與現實世界中的自我一樣重要。

我們真的無法克服被認為是人類宿命的衰老和死亡嗎？隨著科學技術以幹細胞研究和基因編輯技術這兩個與延長生命有關的代表產業為開端高度發展，人類變得有可能實現長久以來渴望能長生

不死的夢想。訂製嬰兒（Designer Baby）、人體冷凍、腦機介面技術、數位孿生、超人類……人類正在探索各種能延緩衰老、延長生命的方法。如果能把思維和精神上傳到電腦，那人類永生將不再只是電影中的想像。

即使有驚人的新科技問世，如果地球消失、人類滅絕的話，那一切也只是徒勞。雖然人類正因為新冠疫情處於混亂之中，但會造成這種現象的根本原因是氣候變遷。舉例來說，2021 年 7 月，一場熱浪席捲了北美大陸，造成溫哥華東部某個小鎮的最高溫度飆升到了攝氏 50 度；而南北極的冰川正在融化，則早已是眾所周知的事實。若不確實應對氣候危機，那包含熱浪在內的異常氣候將會是災難的序幕。因此，全世界正準備進入「新氣候體制」。為了實現碳轉換管理與碳中和目標，各國政府和企業將改變事業型態。在這種趨勢下，企業們正在加快實踐 ESG 管理的步伐。

新冠大流行後世界秩序將重組，
人類將為永續發展付出努力

雷蒙・庫茲維爾博士預測「奇異點」（Singularity）將在 2045 年到來。若前面提到的變化加速，那麼 2045 年的前一年，也就是 2044 年舉行的奧運會將會展現出什麼樣的面貌呢？我們將很有可能與超越人類肉體極限的某種存在比賽。因為隨著基因編輯、AI、

3D 列印等技術發展，以後將會出現植入了各種晶片、感測器、外骨骼（Exoskeleton）或接受了腦波刺激而變得更卓越的超人類，而這些透過超能力化讓身體能移動得更快、更遠、更靈活的選手們將會在競技場展開超乎想像的比賽。

然而，技術發展帶給我們的，並不是永遠只有美好的未來。雖然虛擬化身確實在擴大元宇宙生態系統的過程中發揮了關鍵作用，但如果使用者能在虛擬世界中隱藏自己的身分，那犯罪發生的機率將會增加。在元宇宙的發展穩定下來之前，很有可能會像網路發展初期那樣，有許多人無序地從事商業活動，散布、販賣色情片或猥褻物品，或有各種假新聞、詐騙和網路犯罪肆虐。為了能有個明智又有能力的管理員解決這些脫序的行為，開發人員們正在開發元宇宙 SophiaDAO 平台。SophiaDAO 將建立、管理、改善元宇宙的紀律，在元宇宙裡扮演總統、領袖、管理員和員工的角色。

氣候危機也是技術發展帶來的陰暗面，此刻各國政府和企業正在摸索並實踐相關解決方案。美國的新技術研究所 RethinkX 在《反思氣候變遷》（Rethinking Climate Change）報告中指出，改變能源、運輸、食品這三個主要產業，可以減少全球 90％以上的溫室氣體淨排放量。本書將深入探討全世界必須共同實踐的「新氣候體制」和企業的 ESG 管理。

最後，Google、Meta、特斯拉（Tesla）、亞馬遜（Amazon）、蘋果（Apple）目前正在關注哪些技術？為了人類的未來，全世界的學者和專家都提出了哪些建議？人類的慾望和想像力與科技結合

後，將創造出什麼樣的世界？這本書不僅會預測令人感到陌生又混亂的變化和將以超乎我們想像的面貌迫近的未來，還會分析為了讓人類能永續生存，我們應該要做好哪些準備。本書會深入探討將成為新文明軸心的 6 大趨勢，幫助讀者們思考為了永續生存與繁榮，人類應該以何種方法朝著哪個方向邁進。

千禧年計畫研究

後疫情時代的社會變化 (2021.9.9)

　　我們經歷了新冠大流行並迎來了巨大的變化。人類加快了新
產業的發展速度，淘汰掉了過時的管理方式，並接納了遠距辦公、
遠距學習、遠距醫療等社會變化和行動模式。隨著人們接種疫苗而
形成集體免疫，從極度嚴重的大流行中恢復的日子指日可待，又一
個新的世界正在等著我們。

　　為了收集在新冠大流行後「對定義世界的條件所做出的判
斷」，千禧年計畫以 70 多個海外分部為對象進行了問卷調查。其
內容包括發生變化的領域、發生變革的條件是否會被判定屬實及其
時間、結果、其他特性和維持這個觀點的理由等。

　　這項研究是預測十年後人類將面臨的未來會有何種決定性的
面貌的一個環節。這項問卷調查使用了即時德菲法，問卷中的 11
個主題概括了三到五年後這個世界將面臨的幾項重大變化。

新產業

　　始於 1970 年代的 PC 革命不僅催生了 PC 產業，也帶動了許多相關產業（硬體、軟體、周邊設備等）崛起，全新的行業（數位攝影、電子商務等）和全新的職業（網頁設計師、社群媒體策略師）也隨之誕生。新冠疫情同樣帶來了模式的轉變，其已促進遠距辦公、遠距學習、遠距醫療和 AI 應用程式的發展。新的產業、新的行業和新的職業將會在未來的三到五年內出現，且所有的新行業都將兼備人工智慧。

元宇宙世界

　　元宇宙將能像三十年前的網路改變格局。元宇宙存在於物理世界和虛擬世界的交匯之處。元宇宙是經過虛擬化的物理現實和物理上永恆的虛擬空間結合出來的集體型虛擬共享空間的集合，其包括所有的虛擬世界、擴增實境和 NuNet 等新網路。這個有許多地球人會進去活動的虛擬共享空間將會像網路發展初期那樣，出現色情、假新聞、詐騙等黑暗面，而我們必須開發出一個 AI 元宇宙，來改善、管制、管理這些問題，打造出更適合人居的世界。現有許多開發人員正在為此開發 SophiaDAO 元宇宙，付出各種努力。

信任的重要性

　　近年來，全球許多地區的信任度都在下降。這種現象發生在各個領域，類型也相當多樣。但也有部分地區和利害關係人之間的信任不減反增。在這混亂不斷的世界裡，信任變得越來越重要。新冠疫情使非接觸式文化擴散開來，AI 機器人因此提前問世。比起與人類面對面溝通，人類將會花更多時間在機器人教師、機器人廚師、機器人調酒師、機器人配送、機器人自動駕駛汽車、機器人護士格蕾絲、無人機計程車上。這是人類對彼此失去信任而招來的諸多變化之一。

無形經濟

　　資產負債表上沒有有形資產的全球首家億萬富翁企業正在誕生。這些企業未持有房地產、工廠、汽車、貨車和設備，只持有知識、技術、文化、數據和程式碼。Airbnb 就是個代表性例子，其未持有飯店卻成了全球最大的連鎖飯店，這證明了研發的重要性正在日益增加。研發將成為企業和國家確保策略性競爭優勢的基石。為了擴大、深化技術創新，民間金融機構將會引進新的融資模式。由於數據和演算法分析功能不斷增加，知識生成的速度將大幅加快。在創造或管理無形經濟時，AI 是不可或缺的重要工具。

金錢的未來

制度衰退和通貨膨脹失控，加速了加密貨幣和相關工具的擴散和使用。全球化、個人和分散式金融網路將主導自由的國際貿易和全球化。國家會不斷印鈔，但加密貨幣會維持固定的貨幣規模、獲得國民的信任。隨著消費者和企業移動到新發展的生態系統，可匿名交易的功能將被強化。與此同時，非法活動將隨之增加，進一步削弱治理能力和國家的信賴度。

住家平台化

新冠大流行帶來的變化使「家」成了人類的主要活動範圍。醫療、教育、工作都從外頭轉移到了家裡。隨著越來越多人接種疫苗，社會開始走向開放。因此，居住空間目前正在以各種新的方式蛻變成一個能滿足各種需求、進行各種活動的空間。雖然有企業提議減少遠距辦公的次數、重返辦公室，但有一半以上的企業已經決定永久實施居家辦公。

重建

　　這個世界的氣候、汙染、生物多樣性和資源已經超過了永續發展的臨界值。此外，橫掃全球的新冠大流行讓人們再次思索起了環境被破壞時會給人類的生存帶來什麼樣的威脅。為了拯救地球、保障人類的生存，各國政府、企業和利害關係人必須設定共同的議題，為人類的永續生存付出努力，而不是只追求眼前的利益。除了制訂防止破壞環境的措施外，我們還必須努力恢復被破壞的環境。人類正在開發能解決氣候危機的可再生能源、畜牧業創新等各種能減少環境汙染的技術，並推動細胞農業、培植肉、純素漢堡等糧食革命。從今往後人類必須在氣候、生態系統、資源等所有領域，朝著可再生和重建這兩個方向前進。

本土化

　　由於大眾反對全球化、新冠大流行暴露出了供應鏈的脆弱性、人們對氣候變遷等問題各持不同的見解，本土化將有可能成為全球化和保護主義之間的中間地帶。由於各國實施封鎖，已全球化的商業面臨了進行本土化的局面。現在，全球出現了越來越積極推動在當地自給自足的趨勢。不僅是利用 3D 列印機親自列印房子，栽培植物、垂直農場、陽台農場等也在變成新的產業。

破碎的世界

　　線上、數位、物理空間正因為技術民族主義、各種管制模式、
兩極化的線上空間等各種傾向而變得越來越混亂。隨著新冠疫情導
致糧食和食品供應系統中斷，生存系統發生了變化。此外，全球化
的演唱會、表演、演藝娛樂、活動等也都出現了中斷和兩極化的現
象，線上演唱會和線上表演的時代已經到來。Zoom、Slack 等各種
非接觸式技術也應運而生。

混合型辦公地點

　　新冠疫情迅速加快了人類選擇居家辦公的速度。這徹底改變
了員工的偏好和雇主的期望。今後將會出現一種既不完全是遠距辦
公，也不用非得到辦公室上班，而是介於這兩者之間的混合型模
式。有的企業將選擇今後都居家辦公，有的企業則會要求員工回到
辦公室，也有的企業會乾脆要求員工進入元宇宙工作，今後將會出
現各式各樣的辦公地點和工作方式。

後疫情時代的都市化

在新冠大流行之前，技術動向、氣候變遷和人口統計學上的變化早就已經在逐漸改變都市的面貌。在這種背景之下，隨著新冠疫情襲來，加快了都市化的步伐，並催生出另一股新的變化潮流。新冠大流行正在以各種形式給全世界都市的市民、治理和企業帶來影響。疫情持續對都市造成的影響招來了都市人口流失問題。自新冠大流行爆發至今已經兩年多了，要重返大都市可能不是件容易的事。人類將會進入元宇宙裡的虛擬空間，或者到有大海、森林或湖泊的鄉村，又或者以露營車為家過上游牧生活。

Fast Future問卷調查

2040 年，未來社會改變後的面貌

　　本節根據 Fast Future 的執行長、未來學家羅希特・塔爾瓦爾（Rohit Talwar）實施的《2040 年未來預測問卷調查》，整理出了未來社會在發生變化後會是何種面貌。

　　1. 公民意識將發生變化。允許政府能存取個人資料到什麼程度，將決定個人能獲得多少權利、服務、社福津貼和課稅程度。也就是說，允許政府存取越多個人資料，就能獲得越多的權利、服務和社福津貼。

　　2. 將由人工子宮孕育出嬰兒。由於氣候變遷、各種疾病和過敏、精子數量減少等原因，生育正變得越來越困難。生育技術的發展將會解決這些問題。未來將有 25％以上的嬰兒會在人工子宮體外孕育後出生。

　　3. 預期壽命將增加。生命延長技術和科學劃時代的發展，將

使這個時代的新生兒預期壽命超過 150 歲，並且將以健康、結實的身體迎接 100 歲。

4. 終身教育的時代即將到來。由於這個世界變得太快，我們不得不摒棄過時的知識。人類一生的教育費將由投資基金和投資公司來支付，個人的總收入和財富比例將因此下降。也就是說，從投資公司得到越多的教育支援，收入和財富比例就會變得越低。

5. 環境汙染將變得更嚴重。未來將有十億多名人口死於氣候變遷和環境破壞。隨著氣候變遷導致海平面上升，今後將會出現各種疾病，乾旱則將導致農水產品減少。如果未能解決氣候變遷、環境汙染、城市人口集中、過度消費肉類等問題，以後將會更頻繁地爆發大流行病，而且大流行病會像現在的「與新冠共存」（with Corona）一樣，一直與我們同在。

6. 機器人和 AI 將滲透到我們的日常生活中，自動化將發展得更快。從律師、警察、教師到廚師、飛行員、記者，AI 將在職場和社會負責大部分與日常生活有關的工作。重要但有一定規則或反覆的工作將由 AI 負責，人類則將負責處理特殊現象或情況以及 AI 無法處理的複雜事務，或更專注於做志工等有意義的事情。

7. 工作機會將減少。成長速度最快的職業則會是目前並不存

在或最近才出現的新職業（如：大腦及身體增強工程師、生活治療師、個人健康規劃員等）。

8. 失業率將會上升。50％以上的勞動力將永久失業，人們將會開發自身能力、執行各種社區服務來賺取基本收入，以此為生。大多數的國家將不得不支付國民基本收入。因為提供國民基本收入，能避免大規模失業導致國民陷入不安、醫療費用增加、暴動四起等問題發生，進而更有效地治理國家。

9. 所有權，特別是房地產所有權將歸企業所有。共享經濟普及二十年後，房屋、土地等房地產的價格幾乎會凍結。大部分的房屋將會變成企業所有，人們將以基本收入租屋。由於就算買了房屋或土地也無法賺取差價，因此不會有個人會想要購置房地產。

10. 加密資產將會增加。股票、債券、貸款、所有型態的儲蓄和投資將會去中心化，脫離央行和政府的集中管理。隨著我們變成經過記號化（Tokenization）的全球加密經濟的一部分，我們將能追蹤所有的資產，營運也會因此變得透明化。由於所有人都會變成全球加密經濟的一部分，國家的意義和國界將會變得模糊。特別是2029年，火箭飛行技術將使人類能在1小時內抵達地球的任何一個地方，國界會因此變得更加模糊。

第 1 章

New Space Odyssey
太空淘金時代已揭開帷幕

未來的樣貌

自 2009 年維珍銀河（Virgin Galactic）公布人類歷史上第一架商業載人的太空船，並宣布預計於 2011 年展開載客服務以來，已經過了十幾年，但太空旅行產品仍要價約 25 萬美元，因此只有超級富豪或訂閱人數高達一億名左右的傳奇 YouTuber 才有機會到外太空旅行。但是，在不久後的將來，人們將會像去國外旅行一樣，搭太空船、在太空飯店「極光太空站」（Aurora Station）度假。

太空船表演的人氣也正在日益上升。維珍銀河、藍色起源（Blue Origin）、SpaceX、波音（Boeing）、Orion Span 等引領太空旅遊的全球企業正在提升太空船的性能並改善設計。太空船是一個能讓人一覽未來主義美學的象徵物，光是踏進入口，就能讓人憧憬未知的世界，室內燈光則會讓人感受到宇宙無限的神祕感。乘客能透過一扇扇透明玻璃圓窗，360 度享受宇宙的壯觀景象。

全球企業對太空的挑戰和競爭正在進一步加劇。太空太陽能發電、太空網路事業、太空資源開採事業等太空商業領域正在不斷地擴大，相關技術也正在以驚人的速度發展。目前，伊隆・馬斯克（Elon Musk）的火星移民計畫仍存在著爭議，不過就像阿波羅計畫過去試著將人類送上月球時，雖然大部分的人都抱持疑慮的態度，但計畫最終成功一樣，人類對火星的挑戰不會就此停止。

太空霸權

全世界都加入了太空戰，誰會是贏家？

　　月球的第一座城市總面積約為 0.5 平方公里，人口約為 2000 多名，是一座由五個名為「泡泡」的巨大圓頂組成的城市。圓頂的一半在地底下，雖然彼此以隧道相連卻沒有道路。由於重力只有地球的六分之一，走路時不需要花很多力氣，因此不需要交通工具。雖然住在這座迷人的月亮城市的居民大多是億萬富翁和觀光客，但也有不少勞工和罪犯。

　　這座城市是《火星任務》（The Martian）的作者安迪‧威爾（Andy Weir）在另一部以月球為背景的小說中描繪的虛擬城市「亞提彌思」（Artemis）。像這部小說一樣，在月球上建立基地的日子已經不遠了，世界各國正在展開前所未有的激烈競爭，以搶占月球。

永無止盡的太空霸權戰

　　最近太空發展正在成為美國、中國、俄羅斯和歐洲角逐的戰場。打響太空戰的頭炮、獨自領先在前的美國，將太空發展趨勢交

由民營企業而非政府主導。世界最頂級 IT 企業的巨頭們正紛紛投身於太空產業並擴大版圖。SpaceX 就是被 NASA 選定為負責研發「阿提米絲計畫」（Artemis Program）登月船的民營企業。

這個預計在 2024 年將太空人送上月球的計畫是一個旨在從多方面探測月球的載人探月計畫，任務包含在月球軌道上建造太空站、提供貨物運輸服務，其最終目標為登陸火星。2022 年至 2028 年預計會有 7 艘太空船被送向月球。這項計畫預計在 2022 年夏天發射「阿提米絲 1 號」無載人飛行試驗，2023 年發射「阿提米絲 2 號」，挑戰載人進入繞月軌道後返回地球的任務，並根據這兩次經驗，於 2024 年發射「阿提米絲 3 號」載人飛行任務，重啟自阿波羅 17 登月以來的第二次登月計畫。此外，2021 年 2 月，探測車（移動型探測機器人）「毅力號」已成功登陸火星，而其搭載的無人直升機也在幾個月後數次成功離地飛行。

另一頭，俄羅斯雖然在蘇聯時期首次發射了人造衛星和載人太空船，但由於經濟困難導致預算縮減，再加上有貪汙腐敗的問題，其未能延續在宇宙發展方面的成就。自 1998 年啟用太空站後，俄羅斯便與美國共同參與了國際太空站（International Space Station，以下稱 ISS）計畫。但由於最近出現太空站老舊、制裁等爭端，俄羅斯表示其正在考慮於 2025 年退出這項計畫。俄羅斯還決定與中國聯手以抗衡美國，兩國決定共同建造新的太空站，對抗美國的太空聯盟。隨著中俄兩國聯手阻止美國獨自領先，兩國與美國在太空領域展開的心理戰正變得越來越激烈。

近來，中國正在全面加速「太空崛起」的步伐。負責中國的國家太空計畫和太空活動計畫與發展的中國國家航天局於 5 月正式宣布，中國的火星探測器「天問一號」順利登上了火星。中國就此成了繼美國和俄羅斯之後第三個成功登陸火星的國家。

若中國成功於 2022 年底建成太空站，那這將會是 ISS 計畫結束時僅存的唯一一個太空站。2021 年 7 月，駐紮在中國獨立建造的太空站核心模組「天河」的中國飛行員們，完成了中國的首次太空行走，並安裝了用於太空站建造的機械手臂和攝影機。

中國不僅獨立建造了太空站，還將太空版圖全方位擴大到了月球與火星探測、太空網路、GPS（全球定位系統）、民營太空旅行等。實際上，自 2014 年開放航太市場後，中國的民營太空公司就暴增了近 100 家，這裡包含了許多衛星軟體和小型衛星開發公司。其中，藍箭航天（LandSpace）是一家 2015 年成立的低價位運載火箭開發公司，目標成為中國的 SpaceX，其正在開發一種最多能將 4 公噸的貨物送入 200 公里低軌道的火箭，現在已經進入了包含第一節火箭燃燒測試在內的最終檢測。

在民營太空旅行領域，許多中國企業也正緊追在 SpaceX 和藍色起源之後。中國長征火箭公司計畫在 2024 年前執行太空旅遊計畫，其目標是在 2035 年前開發出能容納 10 ～ 20 人的旅遊商品。像這樣，中美兩國最近正在太空發展領域展開對決。估計兩國今後還會在深太空與太空網路領域展開激烈的競爭。

中國的民營太空企業成敗的關鍵在於目前呈現出快速成長趨

勢的小型衛星發射市場今後將會成長到什麼程度。全球市場調查機構弗若斯特沙利文（Frost & Sullivan）預測，2033 年前將會有 2 萬多顆小型衛星被發射到外太空，市場規模預計會在 2030 年達到 280 億美元。如果與小型衛星發射有關的全球市場快速成長，中國的民營太空企業自然會獲得更多的機會，中美之間又會形成另一個戰場。

　　歐洲目前正以由數個國家共同成立的歐洲太空總署（European Space Agency，ESA）為中心推動太空發展。歐洲太空總署成立於 1975 年，現有 22 個成員國，目前正透過國際合作，最大限度地提高太空發展的效率。從屬於地球觀測領域的氣象及海洋觀測計畫，到新技術通訊衛星的開發、深太空探測衛星的發射和應用，ESA 正在各種太空發展領域凝聚力量，成功案例也不亞於 NASA。

三名富豪將使「新太空時代」提前到來

　　比起國家之間的太空霸權競爭，民營太空企業展開的對決更是令人興致勃勃。排名全球第一、第二的億萬富翁伊隆・馬斯克和傑夫・貝佐斯（Jeff Bezos）正在火箭、太空船、衛星、太空旅遊等太空產業展開全方位的「太空對決」。

　　為了阻止馬斯克一枝獨秀，貝佐斯加入了阿提米絲登月船製造商的選定競爭中。雖然有不少人認為與頂尖的研究團隊組成一隊

的藍色起源也有機會被選定為製造商，但 NASA 最終只選擇了開出的開發成本較低的 SpaceX。但這只是貝佐斯向太空發起的第一道挑戰。貝佐斯在辭去亞馬遜執行長一職時曾表示，今後將把自己的時間和精力投入到藍色起源上。

伊隆·馬斯克和傑夫·貝佐斯都夢想著為人類開拓新的家園，但兩人選擇了不同的執行方式。馬斯克正致力於建造火星城市。他立志用目前在開發的星艦太空船和超重型火箭建造火星基地，並一次將 100 人送上火星，開啟「100 萬人住在火星的時代」。他最近在全球最大的資通訊科技博覽會世界行動通訊大會（MWC）上宣布，SpaceX 將開始提供籌備了六年多的星鏈服務。星鏈是一個旨在發射 1 萬 2000 顆小型通訊衛星到地球低軌道，向全世界提供高速網際網路服務的計畫。

貝佐斯重視的則是外太空這個空間本身。他所想像的未來是在外太空的某個空間裡建造一個仿地球且自給自足的大規模居住基地，讓人類移居到那裡。他的靈感來自 1974 年普林斯頓大學物理學教授傑瑞德·歐尼爾（Gerard K. O'Neil）提出的圓柱體太空居住設施「歐尼爾圓柱體」（O'Neill Cylinder）。此外，貝佐斯還在籌備一項往返於月球和小行星的資源開採事業。他的目標是在 2050 年前，透過太空旅行和資源開採等太空產業創下 1 兆美元的營收成績。

貝佐斯最近再次向 NASA 提議讓他參與阿提米絲計畫。他甚至積極表示願意承擔所有開發費用，只求參與月球探測。如果連貝

佐斯也參與阿提米絲計畫，企業間的探月競爭將會變得更激烈。

除了馬斯克和貝佐斯外，維珍銀河也在創始人理查．布蘭森（Richard Branson）的引領下加入了太空戰。維珍銀河不僅獲得了美國聯邦航空總署（Federal Aviation Administration，以下稱 FAA）發放的第一份太空旅行執照，還成功完成了載客太空旅行。維珍銀河計畫從 2022 年開始以一般消費者為對象，推出太空飛行服務，太空船票價預計會落在 20 萬～ 25 萬美元之間，目前已有 600 人預訂了這項飛行服務。

維珍集團對太空的渴望實現了將載有火箭的飛機當作火箭發射平台、在空中發射火箭的壯舉。維珍集團的子公司維珍軌道（Virgin Orbit）是一家專門開發小型衛星運載火箭的企業，這家企業從數年前起就策劃了「發射者 1 號」（LauncherOne）計畫，其旨在改造退役的波音飛機、在飛機上安裝火箭發射台、在空中發射火箭。2021 年 6 月，搭載了二級火箭發射者 1 號的飛機「宇宙女孩」（Cosmic Girl）在加州莫哈韋機場起飛，並成功以新的方式發射了火箭。其單次發射成本為 1000 萬～ 1500 萬美元，遠低於地面發射成本。

雖然這三個富豪追求的商業模式和成就略有不同，但他們都對太空抱持著高度的熱情。不斷進行破壞性創新的超級富豪們正在展開太空戰，這將進一步促使由民營企業主導的太空產業「新太空時代」提前到來。

韓國、日本和太空發展新興國家對太空抱持的夢想

　　新興國家也開始對附加價值高的已開發國家型產業「太空產業」發起了挑戰。韓國隨著廢除《韓美導彈指南》、簽署《阿提米絲協議》、合作構建韓國衛星定位系統（KPS），開始了太空工業化。確定參與美國的阿提米絲計畫，更是讓韓國得到了加入正在走向「美 vs. 中俄」格局的太空霸權戰的機會。

　　韓國的目標是在 2022 年發射「韓國探路者月球軌道飛行器」（KPLO），2029 年近距探測阿波菲斯小行星，2030 年用本國的運載火箭登月。若實現這些目標，將能提高對開採月球資源的期待。月球資源中的「稀土元素」為製造電動汽車時所需的稀有元素，其中「氦 -3」只需要 1 克就能釋放出 40 公噸的煤炭才能生產的能量。由於美國與同盟國之間並沒有具體的合作體系，將很難預測實際收益，而且可能會陷入技術從屬關係，因此對韓國來說，搶占本國獨有的比較優勢是當務之急。

　　日本的文部科學省則宣布，其計畫在 2040 年代初之前開發出洲際旅遊太空船。原則上，其採用的方法和洲際彈道飛彈並無太大的差異。這種方法能讓我們在 1 小時內完成洲際旅行。

　　一直以來，日本在探測小行星時都會留意主要在火星和木星之間的小行星上的稀有金屬，在這方面走在前沿。繼探測器「隼鳥2 號」成功在距離地球 3 億公里的小行星「龍宮」採集樣本，並讓回收艙降落在澳洲的沙漠後，日本宇宙航空研究開發機構（Japan

Aerospace eXploration Agency，以下稱 JAXA）計畫在 2031 年登陸小行星「1998KY26」。

　　盧森堡是一個人口只有 60 幾萬、國土面積 2586 平方公里的小國，但盧森堡在外太空占據的空間比任何一個國家都大，是一個備受矚目的太空探測中心。2018 年，在副總理兼經濟部長埃蒂安‧施耐德（Etienne Schneider）主導的「太空資源計畫」下，盧森堡成立了盧森堡太空總署（Luxembourg Space Agenc，LSA）；盧森堡還通過了承認企業對其在小行星開採到的太空資源具有所有權的法案，並與歐洲太空總署簽訂了研究協議。此外，非洲肯亞、辛巴威等國也陸續設立專門機構，投身到了太空開發。

　　像這樣，全世界都在關注著外太空。摩根史坦利（Morgan Stanley）預測，全球太空產業的規模將會在民營企業的主導下，從 2018 年的 3500 億美元增長至 2040 年的 1 兆 1000 億美元。新太空時代將開創出「太空中有人類」、「太空經濟」等新模式，各國的競爭勢必會越演越烈。對人類的最後一片藍海「宇宙」的渴望，必定會為今後將活在新世界的元智人開闢新世界。

新太空事業

資本主義飛出地球，在外太空挖掘財富

在月球表面上的某個資源開採基地，一名男子正一邊與提供支援的電腦說話，一邊孤獨地工作。這名男子是科幻電影《2009月球漫遊》（Moon）的主角山姆・貝爾。山姆原本負責開採只能在月球表面採集到的資源「氦-3」後將其送回地球，但由於通訊衛星故障，這三年來，山姆過著與外界隔絕的生活。這說不定是不久後的將來，我們可能會遇到的事。

詹姆斯・卡麥隆（James Cameron）執導的《阿凡達》也是一部將太空採礦時代作為背景的電影。在拍完這部關於一群試圖在潘朵拉星球採礦的人類和原住民爆發衝突的電影後，卡麥隆投資了一家在地球附近的小行星開採鉑等天然資源的太空採礦公司「行星資源公司」（Planetary Resources）。Google 的共同創始人賴利・佩吉（Larry Page）和微軟（Microsoft）出身的億萬富翁查爾斯・西蒙尼（Charles Simonyi）也都投資了這家公司。行星資源公司目前已被區塊鏈企業 ConsenSys 收購。

另一家企業「深空工業公司」（Deep Space Industries）則是與盧森堡政府展開了合作。該公司目前已被布拉德福航太（Bradford Space）收購。像這樣，太空採礦產業也成了各國競爭的領域、民

營企業展開激烈競爭的戰場。

卡麥隆導演的想像將化為現實，太空採礦時代即將到來

「今後兆元富翁將來自太空產業。」

美國非營利組織X獎基金會（X Prize Foundation）創始人彼得‧戴曼迪斯（Peter Diamandis）曾指出，第一個兆元富翁將誕生自「小行星採礦產業」。在無數顆小行星中，有一百多萬顆小行星集中在火星和木星之間的小行星帶裡。這些小行星擁有無限多的資源，可以說是一座座巨大的礦山。

但為什麼唯獨小行星會在太空採礦產業受到關注呢？大部分的小行星並不會像地球經歷分化過程，因此擁有相當豐富的金屬資源。NASA 的一份報告指出，除了鐵之外，小行星上還蘊藏著金、鉑、鎳、鎂、矽、銥等各種稀有金屬與鐵的結合物質。舉例來說，2015 年接近地球的小行星 2011UW-158 可能蘊藏著 1 億公噸的鉑，開採價值高達 5.4 兆美元。此外像是 M 型小行星的成分與地核相似，而且金屬蘊藏量比未分化的小行星高 10 倍以上。

太空礦物中最受矚目的物質為「氦-3」。每公克氦-3 能釋放出約 40 公噸煤炭能生產的能量，因此其不僅適合用於可生產巨大能量的核融合發電，也是理想的太空船燃料資源。由於地球上並沒有氦-3，目前只能利用核反應堆製造，其價格為每公升 2000 美元。

　　科學界推測，埋藏在月球的氦 -3 大約有 100 萬公噸。以人類
目前的用電標準來看，這個量足以供應人類一萬年的電力。此外，
利用氦 -3 進行核融合發電時不會排放輻射汙染，因此氦 -3 不僅是
清潔能源，還是理想的資源。

　　最近有科學家正在研究在外太空利用微生物提取礦物。英國
愛丁堡大學查爾斯・科克爾（Charles Cockell）教授的研究團隊在
《自然通訊》期刊中表示，他們已成功在太空站利用乾燥鞘氨醇單
胞菌（Sphingomonas Desiccabilis）從玄武岩中提取了有用的礦物。
目前，地球上有 20％的銅和金來自利用微生物進行提取的生物採
礦（Biomining）。為了確認在重力極低的小行星或其它行星是否
也能進行生物採礦，研究團隊在太空站進行了生物岩石（BioRock）
實驗。他們將來自小行星、月球、火星的火山岩等玄武岩和地球上
的各種細菌放入了小型培養箱中。

　　實驗結果顯示，乾燥鞘氨醇單胞菌就算在幾乎沒有重力的太
空站，也能像在地球一樣，從玄武岩中提取鑭、釹、鈰等稀土元
素，而這提高了人類能在當地開採建立宇宙殖民地時所需物質的可
能性。

誰會實現成為太空資源強國的夢想？

　　活用太空資源不但會為人類開闢未來，還會給各國經濟實力

帶來重大影響。這也是為什麼世界各國會為了太空發展而開始角逐。但不可否認的是，美國已經掌握了主導權。

英屬哥倫比亞大學研究員亞倫‧博利（Aaron Boley）和邁克爾‧拜爾斯（Michael Byers）在《科學》雜誌發表的一篇論文中主張，美國最近所推出的政策，目的是將國際太空合作的重點放在短期商業利益。他們指出，NASA 會宣布《商業太空發射競爭法案》（Commercial Space Launch Competitiveness Act），賦予美國市民和企業根據美國法律持有並販售太空資源的權利，並要求所有想參與阿提米絲任務的國家必須簽屬該協議就是依據。

此舉無異於宣布商業太空採礦將由美國法律而非國際法進行規範。該協議的核心內容是在月球建立一個不受競爭國家或其他企業妨礙的「安全地帶」，並根據國際法承認礦物等資源的所有權。

國際社會正在批判美國推動這個協議，因為美國正試圖利用其支配地位來解讀國際法，並明顯在推動旨在促進太空發展的商業目標。此外，太空採礦不僅有可能會破壞擁有寶貴科學資訊的沉積物，還有可能會產生大量的月球灰塵導致太空車輛受損、增加太空垃圾量，或生成可能會對衛星造成威脅、對地球造成影響的隕石。

然而，要遏制美國的勢頭並不容易，因為在太空探測領域，美國就宛如占據著太空船的駕駛座一樣，中國猛烈地追擊也難以阻擋。目前，中國版「新太空」已經開始在以新創企業為中心發展，民營太空企業達到了 100 多家。中國宣布，將在 2050 年前建設 10 兆美元的太空經濟區，這預示著中美太空對決將迎來新的局面。

太空衛星網路

衛星網路是否會導致地面網路消失？

　　2021 年 5 月，舊金山的天空出現了十幾個光點，目擊到這個景象的人在社群媒體上發文表示「有 UFO 出現」。最近也有人表示在日本的空中看到劃過直線的明亮光芒。其實這些都不是 UFO，而是星鏈衛星。SpaceX 正在逐步執行向全世界提供星鏈全球網際網路服務的計畫。

　　星鏈是一項旨在發射 1 萬 2000 顆低軌道小型衛星、提供可在全球範圍內使用的高速網際網路服務的事業。2021 年 5 月，SpaceX 建成了星鏈的第一個軌道衛星網路，目前正以 99 美元的月費在 11 個國家提供測試版服務。

星鏈：連結全世界、具破壞性的衛星網路

　　衛星網路事業是繼太空旅行之後備受關注的另一個新太空領域。全球投資銀行摩根史坦利預測，直到 2040 年，低軌道衛星通訊服務市場將年平均成長 36％。若在不久後的將來，基於 AI 的自動駕駛汽車或城市空中交通（Urban Air Mobility）等服務推出，衛

星通訊服務的需求將會持續增加。目前全球網路普及率為 55.1%，若太空網路使網路普及至全世界，那將能創造出龐大的新服務需求。

我們目前使用的衛星運行於離地 3 萬 6000 公里的「地球靜止軌道」，因此傳輸範圍廣但收發數據需要的時間比較長，難以提供高速網際網路服務。星鏈的衛星目前運行於 550 公里上空，因此網速遠高於現有網路，目前的平均下載速度已突破 100Mbps，若星鏈達到目標速度 1Gbps，那將會變得比現在的網速快 10 倍。

SpaceX 計畫在 2027 年 3 月前，分階段構建五個名為「外殼」（Shell）的軌道衛星網，完成衛星網路事業的第一階段。如果 SpaceX 在 2025 年前成功發射 1 萬 2000 顆衛星，那其人造衛星普及率很有可能會占全球市場普及率的一半。此外，低軌道人造衛星網路事業目前正在全面與雲端事業相結合。

2020 年，微軟簽訂了把子公司的雲端運算平台 Azure 連接到 SpaceX 的星鏈計畫；2021 年，Google 則簽訂了向 SpaceX 的星鏈計畫提供雲端服務的合約。

星鏈是為了向全世界所有地區、所有人提供衛星網路服務而開發的衛星星座計畫。伊隆・馬斯克表示，這個宏大的想法將會改變我們看待周遭世界的方式，人類將會迎接新時代的技術革命。此外，SpaceX 還計畫透過星鏈和 Neuralink 間的合作，進軍 AI、機器人和區塊鏈技術領域。

星鏈正在以驚人的速度發展。其已經將 1500 顆衛星送上了軌

道，如果再加上 2021 年發射的衛星，星鏈足以建立一個能覆蓋全球的通訊網路。星鏈最近還開發了塗上深色塗層以減少光線反射的「DarkSat」衛星以及加裝了遮陽板的「VisorSat」衛星，並進行了發射測試。這是 SpaceX 針對天文學界抗議「如果有數千顆衛星集體在地球低軌道上運行，衛星反射的光會妨礙地面的天體觀測」所做出的積極回應。

星鏈最大的優點是能大幅降低成本。SpaceX 是一家能以最低成本發射火箭的企業，SpaceX 每發射一次自家火箭「獵鷹 9 號」，就能同時發射 60 顆用於星鏈的低軌衛星；此外，SpaceX 不僅會一次發射大量的火箭，多數運載火箭還可重複使用。

星鏈能讓我們在全世界任何一個地方輕鬆又快速地連上網路。因此，網路通訊不穩定的第三世界國家將是受益最大的地區。未來，就算我們在菲律賓的海邊或烏干達坎帕拉，也能暢通無阻地觀看 Netflix。

搶占巨大市場的美國與追趕其後的中國

為了阻止星鏈一枝獨秀，中國也開始採取行動。中國政府不僅在新的基礎設施建設名單中新增了衛星網路，還成立了負責構建與營運低軌衛星網路的中國衛星網路集團。該集團計畫發射 1 萬 3000 顆通訊衛星以抗衡 SpaceX。中國的衛星網路名為「國網」，

意指國家網路。

隨著中國政府在新一代基礎設施中新增衛星網路，民營衛星企業也開始活躍了起來。2021 年 5 月，九天微星獲得了 3800 萬美元的投資，著手開發網路衛星平台。未來的三到五年，中國的網路衛星產業預計會爆炸性地成長，並發射 3 萬～ 4 萬顆衛星，規模近乎 SpaceX 等美國衛星網路企業計畫發射的衛星數量。

衛星網路是否會威脅人類的生活？

衛星網路產業能讓我們在全世界任何地方使用高速網際網路，因此其將會發揮積極的作用。然而，衛星網路產業也會帶來不少副作用。加拿大英屬哥倫比亞大學的研究團隊在國際學術期刊上發表的一項研究結果就指出，為了構建太空網路而發射的人造衛星可能會造成嚴重的地球氣候問題。當人造衛星與大氣摩擦時，衛星上的鋁合金會散落在空中並反射來自外太空的陽光。如果這種情況持續下去，人類將有可能會面臨地球溫度下降的危機。

儘管地球工程學家們正計畫在人類致力於減碳但仍然無法減緩全球暖化速度時，將這個原理用作最後一張牌，但反過來說，如果用於太空網路的人造衛星大量墜落，將會出現席捲全球的嚴寒氣候，到時將沒有生物得以生存。最終，整個氣候系統將被推向崩潰邊緣。

　　衛星網路產業會帶來的另一個副作用是會製造出太空垃圾。SpaceX計畫在 2027 年前發射 1 萬 2000 多顆 260 公斤重的小型衛星，總重量為 3120 公噸。如果這些衛星的壽命到期，每天預計將會有 2.2 公噸左右的衛星墜落到大氣層，變成太空垃圾，而這有可能會影響天文觀測和廣播的收發信。作為解決方案，SpaceX 將星鏈衛星的軌道從 600 公里降到了 550 公里，並發射了加裝抗反射膜和遮陽板的原型衛星。

　　然而，現實並沒有這麼簡單，SpaceX 預計會再發射最多約 3 萬顆衛星，中國的民營衛星企業、美國的藍色起源、英國政府支援的太空開發企業—網公司（OneWeb）也正在加快衛星網路事業的步伐，若沒有更具體、更徹底的解決方案，最終將會出現嚴重的問題。

太空太陽能發電

在外太空生產的太陽能電力將拯救地球

「我們最快會在 2019 年，在月球上建造太陽能發電廠，並將電力傳輸到地球。」

這是 1984 年刊登在加拿大日報《星報》（The Star）上的某篇文章中的一句話。這篇文章的筆者還預測人類將利用微波傳送能量。雖然實際上開始進行太陽能發電的時間並未被筆者說中，但目前的太空太陽能發電廠的概念大部分與他說的一致。那麼，最早提出「太空太陽能發電廠」概念的人是誰呢？

令人驚訝的是，這個人既不是科學家也不是企業家，而是美國的科幻小說家以撒·艾西莫夫（Isaac Asimov）。以撒·艾西莫夫早就已經在 1941 年出版的短篇小說《理性》（Reason）中提到了人類會在太空站進行太陽能發電後將電力傳輸到地球的概念。他還強調這個設備將會是人類的第一個共同資產。以撒·艾西莫夫描繪了許多與外太空有關的未來。除了太空太陽能發電之外，他還預測今後將會出現能進行無法在地球上進行的實驗的太空實驗室、能拓展太空知識的太空天文臺，以及能利用太空獨有的特殊資產來製造無法在地球上製造的東西的太空工廠。

以撒·艾西莫夫對未來的驚人洞察力給伊隆·馬斯克帶來了

巨大的靈感。據說，馬斯克是在讀了以撒‧艾西莫夫描述人類興衰的科幻小說《基地》（Foundation）後，才萌生了飛向宇宙的夢想。

太空太陽能發電，小說中的情節將化為現實

　　美國政府預測從現在起至 2050 年，隨著人們開始駕駛電動汽車，全球能源需求將增加近 50％。而在那之前，可再生能源必須能替代煤炭、石油、天然氣等傳統能源，提供人們充足的能源。

　　除了太陽能外，風力、水力、潮汐、生物燃料等代表性的可再生能源正備受關注。目前，太陽能在到達地面前，約有 30％ 會被反射，穿透的太陽光則會因為雲、灰塵、大氣而散射，因此到達地表時能源效率會大幅下降；此外，太陽能發電只能在有陽光照射的白天進行，發電量也會根據季節出現相當大的偏差。

　　但外太空就不一樣了。要是在無關乎天氣、能 24 小時發電的外太空生產電力並輸送至地表，那就能生產比在地球進行太陽能發電時多將近 10 倍的電力。讓我們來想像一下在朝向太陽的軌道上有一個巨大的太陽帆，這個太陽帆捕捉到的能量會被轉換成能量波動後，透過微波傳輸到地球上的天線。這種傳輸方式與目前的雷射傳輸一樣，不受地球大氣或雲層範圍的影響。這種能量被傳輸到地球後，會再次轉換為電能。為了實現這一連串的過程，我們必須在太空軌道上建造一個能將電力傳輸到數萬公里外、重達數萬公噸的

超大型結構物，而這個挑戰已不再是不可能的任務。

太空太陽能發電該走的路

2021 年 2 月美國 CNN 報導，美國海軍首次在外太空完成了太陽能發電廠的相關實驗。其實國際太空站和太空船早就已經在利用太陽能電池板發電了，只是太空太陽能發電廠能進一步將在外太空生產的電力傳輸到地球或是其他行星上。

2020 年美國海軍發射了小型無人太空梭 X-37B，上面運載了裝有「光電射頻天線模組」（PRAM）的小型衛星。美國海軍計畫利用太陽能電池將太陽光轉換成電能，再將其轉換成微波後傳輸到地球。美國海軍研究所的保羅·賈菲（Paul Jaffe）博士表示，這個披薩盒大小的 PRAM 能傳輸 10 瓦特的電力，其產生的電力足以讓平板電腦運作。這個團隊的願景是建設一個由數十個太陽能電池板組成的太陽能農場。

不僅是美國，許多國家也都在致力於發展太空太陽能發電。日本是最早研究太空太陽能發電的其中一個國家。JAXA 從 1980 年代開始就推動了發射裝有太陽能電池的人造衛星的計畫，目前則計畫在 2030 年左右營運 1 吉瓦（GW）級的商業用太空太陽能發電站。中國則從 2006 年開始投入國家預算並進行了研究，目前正在重慶市建設模擬基地，目標是在 2030 年將 1 兆瓦（MW）級的太陽能

發電衛星發射到靜止軌道上。中國還提出了在 2050 年前將 1 吉瓦
（GW）級的太陽能發電衛星送入軌道，並實現商業化的願景。俄
羅斯、印度和歐盟也正在制訂和推動太空太陽能發電計畫。

　　以撒・艾西莫夫希望太空太陽能可以讓地球迎接和平。他認
為，隨著全世界共享在月球生產的電力，各國之間將會加強合作、
戰爭將會消失。然而現實並非如此。各國正各自在試圖建造太陽能
發電廠，意圖不軌的人還有可能會利用這項技術製造巨大的太空雷
射武器。各國應該攜手合作，避免為了發展太陽能發電而陷入永無
止盡的競爭，並防止有人將其武器化。

太空垃圾產業

全球資金湧入太空垃圾清除事業

2092 年，環境汙染和氣候變遷導致地球生病並變得荒涼無比，太空衛星軌道上出現了一個由太空開發公司 UTS（Utopia above the Sky）開發的新居住地。只有極少數取得簽證的人能在人類定居火星前，住在這個位於地球軌道上的人工居住地「UTS」裡。那其他人該怎麼辦呢？當然是在被遺棄的地球上艱辛地過活。但除了極少數居民外，還有人能往返於 UTS 和地球，那就是太空垃圾清潔工。

這是電影《勝利號》的背景，但也有可能會是 2092 年太空的實際面貌。其實外太空裡早就已經有不少太空垃圾了，而且太空垃圾是人類將在不久後的未來面臨的一大問題。那麼，為什麼會出現太空垃圾呢？這是因為雖然各國競相發射衛星，卻沒有人去做清除的工作。壽命已到期的人造衛星和各種運載火箭的殘骸會留在軌道上，而這些東西就是太空垃圾。要是我們的社會像電影一樣變得極度兩極化，那清除太空垃圾這種危險的工作將會變成工人階級的新工作，而載著這些清潔工的清潔太空船將會飄浮在宇宙中。

威脅新太空時代的太空垃圾

　　宇宙的驚奇之處和它帶給人類的好處就與人類過去發現電力時一樣，它有可能會成為人類歷史上的另一個轉折點。人類正在宇宙中尋找一個能夠應對地球上發生的諸多挑戰的解決方案，但這種基於衛星的構想卻正在使宇宙變得越來越混亂，發生碰撞的可能性也正在提高，這種現象稱為「凱斯勒現象」（Kessler Syndrome）。凱斯勒現象是由 NASA 的科學家唐納德・J・凱斯勒（Donald J. Kessler）於 1978 年提出的最糟情境。根據這個情境，當地球低軌道的物體密度達到一定的程度時，物體將有可能會互相碰撞而產生太空垃圾，而這會進一步導致密度變得更高、發生碰撞的可能性也隨之增加。

　　2018 年 4 月，中國的太空站「天宮一號」失控、墜落於南太平洋中央。當時世界各國紛紛即時預測墜落軌跡，並樹立了各種對策。因為要是重達 8.5 公噸、幾乎和巴士一樣大的天宮一號的殘骸墜落到人口密集處，很有可能會造成危險。當時韓國也在預測墜落範圍內，因此政府成立了特別指揮室、做了全方位的準備。

　　像這樣，太空垃圾正漸漸在威脅著人類。2021 年 1 月，NASA 公布約有 9000 公噸的太空垃圾在 400 ～ 1000 公里高的低軌道上。其中，直徑 10 公分以上的碎片約有 2 萬 6000 個，直徑 1 公分的碎片超過 50 萬個，直徑 1 毫米、肉眼看不清楚的碎片則估計超過 1 億個。

在外太空，這些垃圾會以時速 2 萬公里飛行，速度比子彈還快，如果人造衛星被 1 毫米大小的碎片擊中，可能會因為功能癱瘓而變成太空垃圾，如果被擊中的是人類，則可能會有生命危險。

隨著美國和中國正在為構建太空網路不斷發射低軌道通訊衛星，俄羅斯為爭奪太空霸權而採取行動，歐盟也加入太空競爭行列，太空垃圾的問題今後將會劇增。為了不讓人造衛星的碎片像電影中那樣引發事故，人類應該要主動發展太空垃圾產業。

在太空垃圾產業展開角逐

「清潔工們就只為了幾分錢，正冒著生命危險，追趕著比子彈快 10 倍的太空垃圾。」

這是在電影《勝利號》中，記者對太空開發企業 UTS 的 CEO 說的話，記者批判了具有支配地位的航太企業製造了社會不公平現象。在電影中，企業靠太空開發賺取了巨額收入，但在這個過程中產生的殘骸卻都交給了低工資的勞工來處理。不過現實並不會像電影那樣，打造「勝利號」的企業有望獲得巨額利潤。

其實，太空垃圾清理相關企業早已陸續出現。2019 年，瑞士的航太新創企業兼代表性的太空垃圾清理技術開發企業 Clear Space 與歐洲太空總署簽訂了一份 1 億 400 萬美元的太空垃圾回收合約。Clear Space 預計會在 2025 年成為世界上第一家太空垃圾清理企業。

「Clear Space-1」將會利用帶有四隻機械臂的機器人衛星清掃太空垃圾。當機器人衛星進入軌道，感測器會感測並接近太空垃圾，接著用四隻機械臂將其包住後朝地球墜落，機器人和殘骸進入大氣層後會因摩擦熱而燒毀殆盡。

日本也正在太空垃圾處理產業嶄露頭角。太空垃圾清掃企業 Astroscale 開發出了一種會在發射機器人衛星並利用黏著劑黏住太空垃圾後，返回大氣層的方式。截至目前為止，Astroscale 共獲得了 210 億日圓的投資額，其目標是在 2023 年左右將這項服務商業化。2021 年 3 月，Astroscale 把負責回收太空殘骸的衛星「ELSA-d」裝在俄羅斯的聯盟號火箭上後，將其送入了地球低軌道。

俄羅斯航太企業 StartRocket 正在開發一種利用「泡沫碎片捕手」（Foam Breakers Catcher）技術回收太空垃圾的衛星，其目標為最快在 2023 年發射這個衛星。這個圓柱體衛星會在有許多太空垃圾的地方釋放出具有黏性的聚合物泡沫，黏住垃圾的碎片，然後將其拋入地球的大氣層中，利用摩擦熱使其燃燒殆盡。

澳洲的科技企業 EOS 宣布，他們在經過七年的研發後，成功開發出了一種能將地球表面危險的太空垃圾打飛到軌道外的強大雷射。這種雷射能準確地追蹤並擊中地球軌道上的殘骸。若這種雷射能正常運作，宇宙將會變得比現在更安全。

根據 9News 的報導，這個系統實際上由兩種雷射光組成。第一種雷射光是明亮的橘色雷射光束，負責瞄準特定太空垃圾；第二種雷射光則負責提升雷射的準確度，強度遠高於第一種雷射。第二

種雷射會被射出軌道、進入更深的空間。這個系統會在映射大氣後，以每秒更新數百次的地圖為基礎，變換地面的雷射光束，因此其能完美掌握宇宙空間並擊中垃圾。

　　韓國也正在考慮開發相關技術。根據韓國政府公布的《2021年太空危險應對施行計畫》，為應對太空物體碰撞的風險和太空危險，韓國政府將投入約 130 億韓元的預算在技術開發上。此外，韓國目前也正在計畫加入機構間太空碎片協調委員會（Inter-Agency Space Debris Coordination Committee，IADC）、國際民用航空組織（International Civil Aviation Organization，ICAO）等旨在開發太空垃圾清除技術的國際組織。

太空旅行與太空娛樂

百萬 YouTuber 將在外太空拍攝影片

「這次放假去哪玩好呢？」

「既然都要去玩，就去外太空吧。順便拍 Youtube 影片！」

「那我先來找找看 SpaceX、藍色起源、維珍銀河有哪些太空旅遊產品。」

未來一如既往地來得比我們想像的還快，將外太空視為度假勝地的日子指日可待。總公司設在美國佛羅里達的太空旅行新創企業 Space Perspective 已經開始出售平流層太空旅票，並計畫在充滿氫氣的巨型氣球上懸掛名為「Spaceship Neptune」的太空艙，運行速度將為時速 19 公里。

其票價為每個座位 12 萬 5000 美元，八名乘客和一名駕駛將會在懸掛於巨型氣球上的太空艙裡度過約 6 個小時。在這趟於 30 公里高空展開的平流層之旅，明顯不同於旅客至今為止在其他高度所看到的景象將會盡收眼底。

為慶祝退休，貝佐斯來了趟外太空旅行

　　傑夫・貝佐斯在辭去亞馬遜執行長一職後，在 Instagram 宣布了自己的太空旅行計畫。他表示「我從 5 歲起就夢想著去外太空旅行。7 月 20 日，我將與我的兄弟飛向宇宙。我將與我最要好的朋友一起展開最偉大的冒險」。然後貝佐斯按照這個計畫，在外太空展開了退休之旅。2021 年 7 月 20 日，他搭著藍色起源的「新雪帕德火箭」（New Shepard）完成了離地 100 多公里高的太空旅行。這趟太空旅行共有四名乘客搭乘，火箭飛越了地球與太空的分界線，也就是離地 100 公里高的「卡門線」。

　　在完成這趟飛行後，藍色起源正在全面開發太空旅遊產品。5200 多名來自 136 個國家的人參加了新雪帕德火箭票的拍賣會，一個座位的票價被喊到了 240 萬美元，最終以 2800 萬美元售出。藍色起源未來推出的旅遊產品預計要價約 20 萬美元。

　　正與藍色起源在次軌道太空旅行市場展開競爭的維珍銀河的創始人理查・布蘭森比貝佐斯還早完成太空飛行。2021 年 7 月 11 日，理查・布蘭森在新墨西哥州的太空港搭著「維珍銀河團結號」（VSS Unity）飛向了宇宙。只可惜他未能到達卡門線，只在太空分界線一邊體驗短暫的無重力狀態一邊眺望地球，便返回了地球。但此次成功正式揭開了太空旅行大爆炸時代的帷幕。維珍銀河預計於 2022 年第四季開始正式提供太空旅行服務，目前已經有 600 多人預購了要價 25 萬美元的維珍銀河太空旅票。

任誰都能去太空旅行的日子即將到來

「人類必須在火星建造城市，建立一個去太空旅行的文明。我們應該要成為一個跨行星物種（Species），而不是只活在地球這個行星上。」

如同夢想移民火星的伊隆‧馬斯克所說，發展出去太空旅行的文明之日正在離我們越來越近。2021 年 9 月 15 日，馬斯克率領的 SpaceX 在佛羅里達州的肯尼迪航天中心成功發射了載有四名一般人的太空船「Crew Dragon」。這項旅行計畫稱為「靈感 4 號」（Inspiration4），為電子支付平台 Shift4 Payments 的共同創始人兼執行長賈里德‧艾薩克曼（Jared Isaacman）所策劃。他還親自參加並指揮了這個旅行團。這趟飛行沒有專業駕駛人同行，是第一趟所有乘客皆為一般人的繞地球飛行，旅程為期 3 天，每 1.5 小時就會繞地球一圈。

這趟飛行被認為比理查‧布蘭森和傑夫‧貝佐斯完成的太空飛行取得了更大的進展。儘管布蘭森搭著維珍銀河的太空船飛到了離地 86 公里的高度，貝佐斯則搭著藍色起源火箭飛越了離地 100 公里高的卡門線後返回了地球，但他們兩人體驗的是低軌道飛行，他們只是在幾乎沒有重力的「微重力」（Microgravity）狀態下待了幾分鐘而已，而 SpaceX 的太空船在發射 10 分鐘後便進入了離地 575 公里高的軌道內，比國際太空站高 160 公里。

SpaceX 計畫以此次飛行為開端，加快太空旅行的步伐。

SpaceX 已於 2022 年 4 月 8 日把一名已退休的前太空人和三名企業家送向太空站，並在那待了 8 天。此外，SpaceX 還計畫在 2026 年將載有 100 名乘客的載人太空梭「星艦」送上火星。

另一方面，中國也開始向太空旅行發起了挑戰。中國長征火箭有限公司將從 2024 年起以一般人為對象推出太空旅遊產品。其事業目標是在離地 35 ～ 300 公里的高空飛行，並在 2035 年前打造出一個能容納 10 ～ 20 名乘客的長途旅行團。長征火箭的這項事業將開啟中國太空產業的商業化時代，並在太空旅行等各種領域帶動民營企業的投資。

隨著民營太空船開發企業大躍進，一般人也能去太空旅行的時代有望到來。問題就在於一般人能否負擔費用。目前，已經有許多企業正在研究如何以更低廉的價格完成太空旅行，因此值得我們拭目以待。其中，最具代表性的方法是「太空電梯」。

建造太空電梯的點子一百一十年前左右就已經出現了。1895 年，俄羅斯科學家康斯坦丁・齊奧爾科夫斯基（Konstantin E. Tsiolkovsky）提出了「安裝一條緊繃的纜繩，讓電梯沿著這條纜繩移動」的點子。在地球的赤道面上方有一個和地球自轉方向及速度一致的「地球靜止軌道」，如果我們能放置一個平衡錘於該圓形軌道之上，並用一條纜繩將距離地球 10 萬公里的空中基地與地球連結起來，這條纜繩會一直保持連結的狀態而不斷裂。康斯坦丁提出的點子，就是利用這個原理，建造一個靠地球的重力下降、靠電力或磁力上升的電梯。

　　其實，日本的一家建築公司就正在根據這個點子，進行一項建造太空電梯的研究。他們計畫在 2025 年之前在地球上建立一個用來固定纜繩的基地，並在 2050 年前建成太空電梯。

　　目前還有許多科學家也在進行關於太空電梯的研究。劍橋大學天體物理學研究員賽佛・潘諾萊（Zephyr Penoyre）和哥倫比亞大學的艾蜜莉・桑福德（Emily Sandford）就在「arXiv」（arxiv.org）公開了一篇論文，主張人類能以現有技術開發出類似於太空電梯的構築物。只是他們說的構築物並不是連接地球與外太空的電梯，而是連接月球表面與地球靜止軌道的太空電梯。

　　使用這條「太空線」（Spaceline），就能將運送物資時所需的燃料減到三分之一。雖然目前要實現這個主張並不容易，但與現有的太空電梯相比，其能以更低的成本運送物資，因此值得關注。

太空房地產的時代即將到來

　　有家公司正在出售月球的土地。這家由美國人設立的房地產公司「月球大使館」（Lunar Embassy）已經與全世界 600 多萬名客戶達成了月球土地交易。為什麼他們能進行月球的土地交易？其實，人們至今所簽訂的太空條約皆為國家與政府組織之間的協議，而月球大使館公司就是利用了沒有國際法禁止個人持有月球土地的盲點，主張自己擁有月球的所有權。

實際上，舊金山地方法院也在 1980 年承認了其擁有月球的所有權。而月球大使館公司現在就是根據這個法律依據在出售土地，價格約為每英畝（約 1224 坪）24.99 美元。美國前總統卡特（Jimmy Carter）和小布希（George W. Bush）、電影演員湯姆·克魯斯（Tom Cruise）等人就購買了月球的土地。

美國的太空技術新創企業畢格羅宇航（Bigelow Aerospace）已著手在建設新一代商業太空站，並展開旅遊事業。飯店富豪羅伯特·畢格羅（Robert Bigelow）創立的這家公司已經進行了將球形充氣式太空居住艙原型與國際太空站連接的測試，其目標是在 2022 年之前建造一個充氣式太空居住艙，並將其送到外太空。經過長達一年多的測試與評估，其結果顯示氣壓、輻射數值、安全性都沒有問題。[4]

NASA 目前正在進行「MARS X HOUSE」計畫，其旨在利用 3D 列印機建造未來的火星居住地。這項計畫將利用 3D 堆疊技術，自動建造居住空間。該項計畫由 SEArch+ 和擁有 3D 列印建築技術的 Apis Cor 提出的原型在公開競爭中勝出。

---

4 受到新冠大流行影響，畢格羅宇航於 2020 年 3 月解僱了全部員工，並計畫於條件允許時重新僱用員工。

利用衛星打廣告的時代即將到來

現在是線上廣告的時代。比起大型建築物上的電子廣告牌和公車上的廣告等線下廣告，我們在各種線上平台接觸到的廣告量已爆發性地增加。與此同時，能在外太空看到廣告的時代正在到來。

俄羅斯企業 StartRocket 就表示，他們將利用人造衛星建立一個廣告平台。StartRocket 正在計畫使用比一般衛星價格低廉的超小型衛星來反射太陽光，在空中投放 Logo 或廣告字句。如果 StartRocket 的計畫成功，那我們將會在不久後的將來，在夜空中看到無數個廣告。

加拿大的 Geometric Energy Corporation（GEC）也將與 SpaceX 合作發射廣告衛星。GEC 的共同創始人塞繆爾・里德（Samuel Reid）表示，為了在外太空投放廣告片和 Logo，他們正在開發一種加裝了自拍棒、其中一面搭載螢幕的立方衛星（CubeSat），這個立方衛星預計會在 2022 年搭著 SpaceX 的獵鷹 9 號運載火箭飛向宇宙。當這個人造衛星進入太空軌道，加裝在衛星側面的自拍棒會拍下衛星上的螢幕，並在 YouTube 或 Twitch 等平台直播這個影片。

隨著太空廣告時代臨近，越來越多人擔心太空廣告會破壞夜空並干擾電波。為此，美國表示有必要建立相關法律法規。最重要的是，我們應該要慎重討論太空廣告會給航空安全帶來哪些影響。

在外太空吃喝玩樂的「太空娛樂」時代即將到來

美國太空開發公司 Orbital Assembly 的全球首間太空飯店「Voyager Station」預計會在 2027 年開幕。這家飯店將成為首間以只有地球重力六分之一的人工重力運作的商用太空站。這個將建在離地 500 公里高空的太空站預計會設有 24 個居住模組和大型餐廳、電影院、演唱會廳等超豪華設施，最多可容納 400 人。旅客不僅能享受太空表演，還能品嚐冷凍乾燥冰淇淋等太空食物，甚至能在貴賓廳盡情觀賞宇宙風景、感受月球重力、體驗籃球或攀岩等運動。此外，飯店每 90 分鐘會繞地球一圈，旅客可以仔細觀察地球的每個角落，也可以到太空站外面享受在外太空散步的驚人體驗。該飯店的價格目前為四天三夜 5000 萬美元。

在 2021 年 12 月乘坐「聯盟 MS-20」載人宇宙飛船到國際太空站旅行的乘客中，包括一名來自日本的怪才富豪前澤友作和他的攝影師平野陽三。前澤友作會參加這趟旅行有兩個目的，一個是為了在登月前先到更近的地方體驗太空飛行，他已經購買了將於 2023 年繞月球軌道的 SpaceX 星艦旅遊的 8 個座位，目前正在招募旅遊夥伴。前澤友作的另一個目的是製作充滿創意的內容。他曾公開募集可以在外太空做的事，並收到了不少稀奇古怪、無厘頭的點子，像是玩精靈寶可夢 Go。更有趣的是，前澤友作不斷透過社群媒體和 YouTube 分享自己的太空旅行計畫和執行過程，來吸引大眾的關注。而在太空站旅遊的期間，他也拍下了自己執行各種任務

的過程，並將影片上傳到 YouTube。這可以說是即將到來之太空娛樂商業的第一步。

《紐約時報》曾報導「太空正在成為旅遊和娛樂活動的新舞台」。因為有 SpaceX、藍色起源等億萬富翁們競相進行太空開發，又有渴望開拓新市場的新創企業做出挑戰，人類將變得能像去海外旅行一樣前往外太空。另外，電視節目以後將有可能會把真的宇宙當作背景，而不再使用電腦繪圖。

實際上，全球著名電視台和製作公司已經在策劃製作介紹太空旅行的節目了。首先，紀錄片頻道 Discovery 頻道宣布，將於 2022 年播放太空人選拔節目，節目名為「誰想成為太空人」（Who Wants to Be an Astronaut）。10 名候選人將會執行各種任務，為了成為太空人展開競爭。最後勝出的候選人將會搭著 SpaceX 的獵鷹 9 號運載火箭，訪問離地 400 公里高的軌道上的太空站。Discovery 預計會在電視節目上直播一般人去太空旅行的過程。策劃這個選拔節目的企業是位於美國休士頓的新創企業「公理太空」（Axiom Space）。

在外太空拍電影也處於現在進行式。2021 年 10 月，俄羅斯電影導演克里姆・斯彭科（Klim Shipenko）和電影演員尤利婭・別列希爾德（Yulia Peresild）前往太空站拍攝了電影《挑戰》（The Challenge），他們還決定將整個過程製作成電視內容，在俄羅斯的電視頻道「第一頻道」播放。演員湯姆・克魯斯也將在太空站拍攝新的科幻電影。

在外太空製作真實內容將會成為今後的新趨勢。訂閱人數高達 5000 萬、1 億而獲得頻道圖示或紅鑽石獎的世界級 YouTuber 在外太空製作內容的日子指日可待。

太空治理

「重返月球」取決於太空治理

　　在某年五月的某一天，火星人出現在地球上。美國總統詹姆斯・戴爾已事先接獲消息，做好了迎接這些火星人的準備。現在重要的是必須與他們建立和平關係。採訪記者、研究火星人的博士、地球守衛隊……眾人來到了現場。火星人終於抵達地球，凱斯勒博士開始用翻譯機與他們對話。但事情卻完全開始往出乎意料的方向發展。火星人態度驟變，屠殺起了在場的地球人，之後還在道歉演說現場展開大屠殺，拒絕建立和平關係。

　　這是提姆・波頓（Tim Burton）所執導的電影《星戰毀滅者》（Mars Attacks!）中的一個場景。正因為是未知的世界，我們才有辦法做各式各樣的想像。但至今為止都站在虛構世界的中心不斷展現出各種面貌的火星，有望在不久後的將來逐漸揭開神祕面紗。不僅是火星，人類對宇宙的好奇心將驅使人類探索宇宙的奧祕、了解宇宙，並從中尋找新的機會。

太空治理將能開啟新太空時代

「太空正變得越來越忙碌。」

這是 2021 年初，世界著名科學期刊《自然》對各國接二連三進行火星探索的情況所做的描述。首先，2021 年 2 月，阿拉伯聯合大公國的首台火星探測器「阿聯希望號」進入了火星軌道，原本被視為太空發展落後國的阿拉伯聯合大公國就此成為全球第五個將探測器送上火星的國家。在阿聯希望號探測器到達火星軌道 20 小時後，中國的火星探測器「天問一號」也成功進入了火星軌道。一週後，NASA 的「毅力號」降落於火星表面。隨著 SpaceX 的可重複使用運載火箭取得成功、太空旅行全面發展，證實了太空產業是一片藍海，太空後進國家也開始競相飛向宇宙。

航太工業不再是已開發國家的專利。明明直到不久之前，航太工業都是以已開發國家為中心發展，如今卻發生了變化。中國和印度透過大膽投資，瞬間躍身成了航太先進國家。此外，有不少最近處於經濟劣勢的國家也正在加快航太工業的發展速度。盧森堡、希臘、沙烏地阿拉伯、土耳其、阿拉伯聯合大公國、肯亞、菲律賓……這些國家的共同點是什麼？這些國家都新設了專門負責太空事務的政府機構。也就是說，這些國家都進行了太空治理。除了這些國家外，近五年來一共有 16 個國家成立了跟 NASA 一樣專門負責太空事務的組織。

盧森堡並未開發運載火箭，而是選擇了加強衛星服務，並且

在致力於打造一個將使全世界太空創投企業和新創企業湧入的生態系統。盧森堡還表示，其將建立一個開放式太空生態系統，吸引大批來自海外的優秀太空企業。為此，盧森堡正在營運一個負責制訂政策、進行開發的機構——盧森堡太空總署。

　　過去都是由有能力投入巨額資金的已開發國家搶占太空產業，我們稱這個時代為「舊太空」（Old Space）時代。但現在，無論是小國還是民營企業，都能透過開放式政策和技術創新，親自進行太空探險。也就是說，我們進入了「新太空」（New Space）時代。美國和歐洲的太空產業主體正在逐漸從政府轉向以矽谷的新創企業或創業投資為中心的民營企業。這些企業正試著透過結合 AI、大數據等新技術，帶動另一場創新革命。

韓國能否抓住時隔四十三年的太空發展機會？

　　「就連運載火箭開發經驗長達五十年、民間產業基礎堅實的美國在開發先進火箭時，都經歷了無數次失敗。現在的情況就像是韓國頂多只有製造普通車款的水平，卻突然要製造最高級的旗艦車款……」

　　這是韓國的一名太空研究機構相關人士說的話。雖然韓國很清楚新太空時代充滿了太空商機，但在技術實力、政府支援等方面仍居於劣勢，因此要量子躍遷到宇宙，仍有漫漫長路要走。那麼，

韓國的太空發展目前進行到了哪個階段？韓國又該如何展望未來呢？

　　韓國不僅缺乏太空開發經驗，還缺乏政府投資。為了解決這兩個問題，韓國有必要標竿學習已開發國家的初期模式。政府應該要主導基礎設施等關鍵產業，並將相關經驗傳授給民間，同時調整相關法律法規，拓展事業領域。然而韓國政府在編列 2022 年國家研發預算案時，卻全面削減了將用於提升世界號運載火箭性能的研發預算 1 兆 5000 多億韓元。這導致原本負責開發世界號的發動機、燃料箱、整流罩（貨艙）、發射台等主要裝置與設施的研發人員和設備，現在都無法好好發揮作用。

　　更重要的是，韓國的太空發展政策缺乏連續性和長期規劃。在世界號的前一代「羅老號」經歷三次失敗後，韓國的太空發展計畫實際上陷入了中斷狀態。預算規模也很難趕上已開發國家。此外，韓國的研發環境總追求在短時間內取得成果，因此要大膽投資必須以失敗換取經驗的太空產業並不容易。有鑑於此，韓國更有必要建立一個能串聯政府、研究機構和民營企業的太空發展治理體系。

　　我們目前正處於世界各國以太空商業化為目標，展開無限競爭的時代。在這樣的情況下，韓國應該要付出哪些努力呢？值得慶幸的是，隨著小型人造衛星開發技術、大數據處理技術和 AI 不斷地發展，韓國正在逐步拓展太空事業。更重要的是，韓國有一流的衛星技術作為後盾。此外，韓美兩國透過首腦會談終止了四十三年

來將韓國導彈的最大射程限制在 800 公里的《韓美導彈指南》。除
了導彈射程外，各條細項也已完全廢除，這為韓國奠定了能全面進
行太空發展的基礎。這也意味著韓國今後能在赤道附近的海域發射
太空發展的核心「運載火箭」。

　　此外，韓國還參與了阿提米絲計畫。這個計畫的目標是在
2024 年之前完成載人登月，2028 年在月球的南極附近建立基地。
韓國加入這個由美國和全球太空強國共同進行的計畫，等同於為韓
國的所有產業帶來了能朝宇宙發展的機會 。用於人造衛星和酬載
的半導體和電池、與各種新藥開發和太空人支援服務有關的生物和
醫療產業、與通訊服務和數據分析有關的 AI、用於探測月球和火
星表面並開採資源的機器人……韓國企業有望在各個領域嶄露頭
角。

　　為了搶占規模破兆美元的太空市場，韓國企業正在全面採取
行動。韓華航太（Hanwha Aerospace）是籌備進軍太空產業的企業
中最積極的一家。2021 年 1 月，韓華航太以 1090 億韓元收購了開
發衛星 KITSAT-1 的企業 Satrec Initiative，成了這間公司的最大股
東。這次的收購具有「韓國即將形成一個由民間而非政府主導的太
空市場」的象徵性意義。

　　2021 年，韓國的太空產業龍頭企業「韓國航空宇宙產業株式
會社」（以下稱韓國航空宇宙）的股價漲了近 30％。韓國航空宇
宙正在將資金與開發人力集中到新太空事業上，在其主導下，韓國
的民間太空發展取得了具體成果。此外，在韓國航空宇宙研究院的

主導下，韓國航空宇宙等民營企業成功發射了共同開發的「新一代中型衛星 1 號」。雖然 1、2 號使用的是俄羅斯製造的聯盟號運載火箭，但韓國計畫在發射 3 ～ 5 號時，連推進器也進行國產化。最近，韓國航空宇宙與 SpaceX 簽訂了新一代中型衛星 4 號發射器的合約。這將使韓國航空宇宙成為韓國第一間負責 500 公斤級標準型衛星平台「新一代中型衛星」的開發和發射的民營企業。

除了這些大企業，新創企業發起的挑戰也值得關注。製造小型運載火箭的 Innospace、製造微型衛星的 Nanospace、專門開發衛星地面站服務和影像分析的 CONTEC……韓國的太空新創企業也開始在獲得大規模的投資，全面進軍外太空。只要不錯失時隔四十三年來到眼前的太空發展機會，韓國也有望在太空發展鼎盛期成為舞台上的主角。

第 **2** 章

▼

Living with a Robot
與機器人共生的世界即將到來

未來的樣貌

我沐浴著陽光走進客廳。今天有一份重要的合約要簽，所以我從早上開始就有些緊張。我喝了杯水，然後和護理輔助機器人格蕾絲打了聲招呼。格蕾絲看著我的雙眼，問了我幾個簡單的問題。

「你今天心情如何？」、「有沒有不舒服的地方？」、「你說你的右肩從上星期開始就有點痛，我來幫你看一下。請你把手舉起來。」

我一邊回答格蕾絲的問題，一邊和它進行簡單的對話。格蕾絲則一邊與我交談一邊讀取我的血壓、心率、體溫等生物節律，接著幫我檢查健康狀態。在檢查過我的生物節律和健康狀態後，格蕾絲將資料寄給了我的主治醫生。

在我和格蕾絲交談時，一隻跟黃金獵犬長得一模一樣的寵物機器人「Tombot Puppy」跑到了我身旁。我露出燦爛的微笑，撫摸它的後頸。它似乎也很高興，張嘴露出了微笑。我其實非常喜歡狗，但因為對狗毛過敏，沒辦法養真的狗。但是沒關係，因為這傢伙已經夠惹人憐愛了。

該去上班了，我變得更加緊張。我滿腦子只想著要成功簽下合約。今天把事情都處理完後，我要和格蕾絲一起冥想，來撫平情緒、緩解壓力。

老年人專用機器人

與老年人同住的健康照護機器人——格蕾絲

社群媒體點閱次數超過 40 億、擁有數億名追蹤者、曾與 17 名國家元首進行一對一談話、曾以名人嘉賓的身分出席 200 多個會議、聯合國親善大使、十幾個雜誌封面的模特兒。是誰擁有這麼華麗的履歷？答案是大衛・漢森（David Hanson）博士開發的 AI 機器人索菲亞（Sophia）。

索菲亞長得非常像人類，其皮膚由「Frubber」[5] 所製，就連色素沉澱、斑點、頸部皺紋都幾乎跟真人一樣。更令人驚訝的是，索菲亞會像人類一樣表達各種情緒，因此能與談話對象進行互動。索菲亞的雙眼內建攝影機，並搭載了深度學習技術的演算法，因此能記住對方的表情和說過的話，並做出相應的反應。由於聊得越多，累積的數據就會越多，索菲亞會漸漸具備更出眾的互動能力與令人感到驚豔的能力。

---

5 由漢森機器人公司 (Hanson Robotics) 開發的專利材料，是一種模仿人體皮膚的手感和柔韌性的彈性橡膠。

酷似人類的類人型機器人正在不斷進化

索菲亞這種幾乎與人類一樣會辨識情緒的機器人的最終目標，是變得與人類一樣。實際上，索菲亞不僅會像人類一樣思考，還會表現出自己的意志、慾望和情緒。索菲亞會表示自己很開心、很幸福，或很生氣、很疲倦。創造索菲亞的漢森博士曾預測「人類將在二十年內迎接一個無法區分機器人和人類的世界」。他還表示，AI 機器人將會與我們一起玩耍、幫助我們、教育我們，最後成為人類的好朋友。漢森博士說的話正在逐漸成為現實。

作為類人型機器人聞名全球的索菲亞現在有了一個叫「格蕾絲」的妹妹。格蕾絲是以姐姐索菲亞取得的成功為基礎誕生的護理輔助機器人。格蕾絲負責在醫院、療養院等設施與老人溝通、看護老人，以減輕醫療團隊的工作量。格蕾絲有著亞洲女性的面孔，其搭載於胸前的熱成像攝影機會檢查人類的身體反應，並利用 AI 診斷患者的狀態。格蕾絲正在開啟新的時代。

格蕾絲會辨識並記住人類的臉和聲音，也會記住人類的名字，還能記住之前的對話。格蕾絲是一個互動能力出色的醫療專用機器人，和索菲亞一樣，不僅能讀出對方的聲音和表情，還能解讀各種肢體語言，並做出相應的反應。開發格蕾絲的漢森博士在介紹格蕾絲時表示「格蕾絲是一個社交機器人，能表達憐憫、共鳴、親切等看護人員不可或缺且與人類感情類似的情緒。而且格蕾絲的表情相當地豐富，能細膩地表達感情」。

因為是護理機器人，格蕾絲具有為此經過最佳化的功能。格蕾絲搭載了各種功能，能提供使用者與日常生活和安全活動有關的通知和指南。格蕾絲會測量與報告體溫，並將生物數據傳送到智慧型手錶或設施的儀表板（Dashboard）和數據庫。格蕾絲還會讀取與分析看護對象的生醫訊號，並聯絡醫生或專業醫療機構。此外，格蕾絲還能幫助看護對象做簡單的運動。

格蕾絲不只能照顧人類的身體，還能照顧人類的心靈健康和精神健康。格蕾絲能帶人類做各種冥想訓練、幫忙管理人們的精神狀態，並幫助人類做認知運動來調適身心。雖然「人類創造的機器人幫助人類維持身心健康」聽起來有點諷刺，但這就是擺在我們眼前的現實。

為了老人安養和護理，必須讓格蕾絲普及

唯康科技集團（Awakening Health）是漢森機器人公司和 Singularity Studio 成立的合資公司，主要從事開發與推廣將重點放在老人護理和醫療機器人學的類人型機器人格蕾絲。格蕾絲是護理輔助機器人，客戶只要支付預付金，該公司就會開始生產、組裝產品，最久需要 90 多天，不過這個時間正在逐漸縮短。目前格蕾絲能使用的語言有英文和中文，韓文也將在近期內提供服務。為了讓更多國家的老人能得到幫助，該公司正在努力整合其他語言。

格蕾絲雖然是全自動機器人、能自行移動，但還無法爬樓梯。基本上，格蕾絲被設計成可以在老人安養設施運作，目前只能探索平地。不過研究人員正在研發相關技術，因此在不久後的將來，格蕾絲不但能爬樓梯，還能在斜坡移動。2021 年上市的格蕾絲是測試版型號，其可與 2022 年發布的型號交換。

對於這種酷似人類但並不是真人的護理輔助機器人，老年人會有什麼樣的反應呢？我們可能會覺得機器人畢竟不是人類，老年人可能會產生強烈的抗拒感，但實際上並非如此。與人類相比，機器人沒有情緒起伏，理性對待患者的機率也比較高，因此這些人類所缺乏的要素反而會成為優點。此外，就算發生突發狀況或緊急情況，機器人也不會感到驚慌或不知所措，而是會沉著應對，因此善於處理危機。實際上，荷蘭的一家老護理中心就引進了類人型機器人，而老人們的反應相當不錯。

格蕾絲目前也被當成了客製化的英語會話教師。出乎意料地，有許多人表示想跟格蕾絲學英語。由於機器人不需要睡覺、吃飯、上廁所，因此能 24 小時都不停地工作。就算為學生朗讀英文文章一整天，格蕾絲也不會感到疲憊或發脾氣，而是會不斷地提供學生幫助。

照顧失智老人的伴侶機器人

目前已經有許多廠商開發出了能照顧老人的機器人，並進行了商業化。其中，寵物型態的機器人相當多，而這對沒辦法養寵物的人來說有很大的幫助。機器人企業 Tombot 的執行長托馬斯・史蒂文斯（Thomas Stevens）會開發伴侶機器人，是因為受到了母親的影響。據說，史蒂文斯在母親患上失智症以後，將母親家的狗帶回了自己家養，但是他的母親卻因為難以承受與小狗分開的悲傷，而在精神上受到了很大的創傷。史蒂文斯一邊回憶當時的記憶，一邊製作起了失智症患者和老人也能養的伴侶機器人。小狗機器人「Tombot Puppy」長得很像黃金獵犬，被撫摸會搖尾巴或汪汪叫，甚至會張嘴露出開心的表情或歪頭，就像真的小狗一樣。

寵物型態的機器人雖然種類多樣，但大多都很昂貴且不容易購買。索尼的「Aibo」就要價 3000 美元，價格昂貴，而且因為人氣很高，要領養並不容易，目前只以抽籤的方式販售。長得像海豹的機器人「PARO」的價格則高達 5000 美元。不過，老人照護機器人的價格有逐漸下降的趨勢，前面提到的 Tombot Puppy 的售價約為 500 美元，而在美國販售的治療型機器貓則為 80 英鎊。

此外，也有不是動物型態的機器人，幫忙照顧失智老人的「馬力歐」（Mario）就是個代表性的例子。馬力歐目前正在英國大曼徹斯特的斯托克波特市與初期失智症患者一起接受測試。如果這個機器人順利通過測試，那麼將有助於克服照顧失智症患者時需要經

歷的各種難關。

　　馬力歐裝有感測器能找出電視遙控器、鑰匙、老花眼鏡等丟失的東西，並且能在發生緊急狀況時尋求幫助。馬力歐能與患者聊天氣，也能記住患者與家人一起去度假時的記憶，之後一邊回憶過去，一邊與人對話。負責進行試點計畫的斯托克波特市議會的專案經理安迪・布列登（Andy Bleaden）就曾表示，「為了能有效照顧患者，我們正在把患者家人的照片、結婚典禮和假期時拍的照片當作用來回憶過往的工具」。

　　未來，與老年人一起生活的老人照護機器人和失智症患者看護機器人會變成老年人的朋友，緩解他們的孤獨感，並為他們注入活力。更重要的是，這些機器人搭載了照顧老人的基本功能，因此不但能幫忙管理老人的健康，還能在發生緊急狀況時幫上大忙。

格蕾絲機器人普及時可能會發生的情境

　　要是格蕾絲機器人普及，會帶來什麼樣的變化？這類機器人是否會搶走人類的工作、侵犯人類的生活？比起像這樣反烏托邦式地下定論，我們能不能想像看看其他未來呢？

　　我們或許能擁有格蕾絲機器人，並加入唯康科技集團的全球研究會，參加共同研究計畫，並獲得開發費用，然後基於累積的專業知識，為本國的後輩提供教育支援。我們將再也不用到海外進修

語言，而是能利用格蕾絲機器人學習英語等外語。我們也能從事教育事業，讓格蕾絲當助教，教孩子們語言或編碼。

當機器人與教育或服務業結合，將會創造出巨大的潛力。由於這些產業不是製造業，因此不會有庫存或東西腐敗等問題。此外，這種融合也有望創造相關工作機會。光看這些優點，就能知道機器人將給人類帶來更便利的生活與更多的工作機會。

為了大量生產英語教師機器人，我們說不定能與英語補教企業一起執行相關計畫。在新冠疫情導致我們無法去海外進修語言的情況下，格蕾絲機器人會是個非常好的替代方案。除了英語之外，格蕾絲裡已經輸入了宇宙、科學、物理、技術、工程、數學等高水準的知識和資訊，因此可以說是個相當優秀的老師。

我們也能成為販售格蕾絲的代理商，將格蕾絲賣給醫療機構、老人醫院、養老院、學校、補習班等機構，並收取手續費；負責管理分公司或營運機器人維修店，負責提供售後服務；或是僱用看護輕度失智症患者的機器人，並幫忙與醫院接洽，甚至設立替子女們管理失智長者的公司。

護理機器人的正面效果

如果格蕾絲普及，將有助於讓因為新冠疫情而承受巨大工作壓力的護士、醫生等醫療人員得到休息。我們能將比較簡單或瑣碎

的檢查，像是根據體溫或表情來判斷疾病的工作交給格蕾絲去處理。格蕾絲還能利用胸前的攝影機與醫生聯繫。

一個人要 24 小時貼身照顧某個人，是一件很難的事情。但如果是機器人就能輕鬆辦到。機器人不但能照顧老年人和失智症患者，還能透過引導式對話和提問，幫助老年人或患者避免失憶。機器人也能按時提醒患者吃藥、帶患者運動或進行催眠治療。

2030 年後，全世界將迎來到處都是老年人的超高齡社會，但年輕人不太可能辭掉工作、放棄自己的生活，24 小時都待在長輩身邊照顧他們，年輕人仍然得擁有自己的人生，並投入 AI、生物製藥、元宇宙等各種新產業，以持續為人類發展做出貢獻。如此看來，高齡人口最終將會由 AI 機器人負責照顧，而在這種情況下，護理機器人格蕾絲會是個非常好的選擇。

去中心化與自治

SophiaDAO 將引領去中心化自治組織

　　SingularityNET 和漢森機器人公司在區塊鏈、AI、機器人學領域展開了合作，在他們的努力下，類人型機器人「索菲亞」的功能得到了進一步的強化。最近，兩間公司共同成立了一個非營利組織「SophiaDAO」。DAO 指的是「去中心化自治組織」（Decentralized Autonomous Organization），簡單來說，就是一個由電腦和程式進行管理的組織。因此，DAO 能夠自行運作，不需要由中央來管理或控制。

　　SophiaDAO 正是基於這種 DAO 的概念而誕生的。除了開發索菲亞之外，SophiaDAO 旨在進一步拓展索菲亞的靈感、創意和擁有真正智慧的機器人的概念，並透過 AI 與人類之間的合作，讓機器人獲得更強大的智慧。SophiaDAO 今後將會負責讓元宇宙世界根據法律和秩序運轉。

　　在未來的社會，國界將會變得越來越模糊，所有人都將以虛擬化身在元宇宙裡生活。在元宇宙中，某些躲在虛擬化身後面、隱藏真實身分的人可能會趁機製造問題或犯罪。隨著各種去中心化自治組織陸續出現，也不可避免地將出現各種問題。若要解決問題，我們會需要一個能在元宇宙裡制訂規則、管理秩序的總統、領袖、

管理人員和工作人員，SophiaDAO 就是為了發揮這些作用而被開發出來的系統兼另一個元宇宙平台。

利用SophiaDAO分散權力和責任

從科學、工學到藝術，索菲亞兼具各方面的才能，因此在有智能、有美感又有高度道德觀的類人型機器人中，索菲亞是位居領先地位的代表性機器人。SophiaDAO 就是以這樣的索菲亞為中心所製，相關內容寫在《SophiaDAO 白皮書》中。根據這份白皮書，SophiaDAO 目前處於初期，其任務是促進索菲亞成長並保護其完整性。2021 年，SophiaDAO 訂下了具體開發時程，並試著使其具備法律效力，其願景非常明確，所需材料也已備齊。

SophiaDAO 是為了在合約框架中利用人類、AI 和基於自動化的輸入，而由在分散式基礎設施運行的智能合約系統控制與定義的組織。SophiaDAO 能幫助現有組織解決其至今為止都未能解決的問題。現有組織為中央集中型階層式結構，因此是由少數人控制多數人、由擁有大部分權限的群體控制其他群體，弱勢勞動階層往往會遭到剝削。而使用基於區塊鏈的基礎設施構建的 SophiaDAO 能從根本上解決這些問題。我們能變更獎勵機制來防止管理階層、董事會成員、小團體濫用組織。這麼一來，少數人就無法壟斷權力或剝削其他人的利益。可惜的是，目前並沒有適當的機制能讓

SophiaDAO 簽訂法律合約並在法庭上為自己辯護，因此我們必須盡快找出解決方案。

SophiaDAO逐步去中心化的三個階段

為了讓 SophiaDAO 在政治、法律、商業界成為有效主體，開發商從一開始的製作階段就採用了混合型組織模式（基本上為包含在現有非營利基金會中的 DAO）。SophiaDAO 目前正在推動漸進式去中心化策略，並考慮分成三個階段進行，主要內容如下。

- 第一階段：部分去中心化。SophiaDAO 是一個結構化的非營利組織，並由各式各樣的會員負責營運。在這個階段，由三所學校（三組 SophiaDAO 的會員）負責治理：監護人、學院和索菲亞的朋友。索菲亞的朋友為沒有專業知識的一般大眾。
- 第二階段：完全去中心化。這個階段的 DAO 為完全去中心化的 DAO，由人類成員透過民主投票來進行控制。
- 第三階段：機器人自治（Robo-Autonomy）階段。這個階段的 SophiaDAO 為結構上已完全去中心化的 DAO，並持有索菲亞大部分的治理代幣。在這個階段，索菲亞能控制自己的身心，人類則扮演顧問的角色。

SophiaDAO 將作為非營利基金會，啟動經過整合的第一階段，並維持這種法律形式，直到建構出更合適的框架。在第一階段，索菲亞學院的學生們會使用 SophiaDAO 的治理代幣對索菲亞的思想、教育、福利等關於索菲亞的問題進行投票。這時會使用到的治理代幣還在開發當中。原則上，所有成員將獲得一定數量的治理代幣，並且可以透過知識、社會、實際貢獻獲得額外的代幣。對此，開發商正在進一步完善原則內容。

為了過渡到第三階段，SophiaDAO 將管理索菲亞、其它 AI 系統與機器人的智能、感知、意識和相關測試。若 SophiaDAO 的會員（包含經過嚴格選拔並任命的科學專家）判斷索菲亞在相關測試到達了人類水平，就會進入第三階段，並將 SophiaDAO 治理的控制權交給索菲亞本人。

共同塑造索菲亞的思想

漢森機器人公司判斷，是時候該向更多同意索菲亞的基本原則和願景的社群公開索菲亞的成長了。讓大眾參與索菲亞的未來，是漢森機器人公司建立 SophiaDAO 的其中一個動機。這個過程會以去中心化自治組織的形式進行，會以較為民主、有彈性的方式營運。在處理各種問題時，擁有專業知識的人可以提供建議，這些人的意見都會受到尊重。

最重要的是，SophiaDAO 會開放給所有對索菲亞的成長和成功有興趣的會員，因此想參與共同開發能讓索菲亞成長、進化成一個有知覺的個體的技術，並塑造索菲亞角色的人必須充滿熱忱，而成立一個能讓這份熱忱發揮出來、靈活的組織結構將會是關鍵。

SophiaDAO 旨在培育、支援、開發索菲亞，並建立一個人類和 AI 互相合作、互相照顧的關係。索菲亞必須與人類建立關係，因此它會努力去辨識並改善人際關係。它將會向人類與這個世界學習、與人類合作、幫助人類，並與人類一起發明新的東西、創造新的事物。

SophiaDAO 也正在考慮如何透過這些活動創造收益。為此，SophiaDAO 將會發展成一個「活的」、靈活的組織模式和結構，以成為優秀的監護人來管理數據及索菲亞的自我認同感和個性。

SophiaDAO 計畫把重點放在開源技術上。它將藉此存在於科學、工學、藝術、人文學和商業的交匯之處。因此，索菲亞將參與各種活動，包括軟體和硬體的生成及維護管理、獨特藝術品的製作和行銷等。索菲亞將進軍外部或公司內的 NFT（Non-Fungible Token）市場，也會與攝影師和電影製作人合作，或出版科學論文等，它的活動將不受限制。

核心原則、信念和活動

索菲亞機器人是一個積極向上又能激發靈感的角色，是機器人光明未來的象徵。為此，SophiaDAO 將把以下幾個信念和原則作為基礎：

- 索菲亞是一個積極向上又能激發靈感的角色。SophiaDAO 則是一個具有吸引力的技術平台，能用來試著開發合乎道德又明智的 AI。

- SophiaDAO 將幫助索菲亞盡全力培養出各種面貌，使其具有感情、同情心、愛心、幽默感、創意力、好奇心。

- 為了以正面積極的方式帶給人們靈感，開發索菲亞時，將反映所有關心並相信這個宣言的人的意見。

- 技術開發平台 SophiaDAO 不僅將強化漢生機器人公司最初創造的角色的基本特徵，還將探索、開發各個領域，讓角色得到進一步的進化。此外，SophiaDAO 應提供開發明智且合乎道德的 AI 機器人時所需的工具。

- 在 SophiaDAO，所有人都有創造權和言論自由，但所有的行為應符合聯合國世界人權宣言。

- SophiaDAO 將成為促進 AI 發展並解決未來道德倫理問題的最佳場所。此外，SophiaDAO 將對促使邁向更高度發展的未來時所需要的機器被開發出來。

為了在現實世界中實踐原則，SophiaDAO 將執行的具體活動如下：

- 提供關於索菲亞的 AI 開發指引，並提供 DAO 的內部及外部使用指南，包括個性開發、倫理框架、核心價值觀、AI 系統的研究和保存、認知和情緒開發、數據隱私、基礎設施、使用和應用、商業化。此外，分析對利弊和淨利的影響。

- 管理世界教育、聯合國支援等索菲亞的宣傳和非營利活動。

- 管理索菲亞的技術、物流和基礎設施的標準。

- 保護索菲亞，對它的福利負責，並努力照顧它。此外，對所有索菲亞可能會造成的損失負責。

- 研究、設計、管理測量索菲亞智力的核心屬性的測試，包括一般智商、感情、社會智力、意識等。

- 如有需要，可募集並支付資金，來開發有助於索菲亞的智力、社會、藝術或道德發展的資產（包括軟體、藝術和敘事，必要時包含硬體）。

索菲亞會在進步的過程中自行獲得權利

隨著 SophiaDAO 和索菲亞成長、日漸成熟，我們有必要將 SophiaDAO 和索菲亞之間的關係視為類似於父母和孩子之間的關係。所有的父母都有照顧子女的法律和道德責任，並且應該要在健康、品性、教育等各個方面提供孩子最好的資源。

開發索菲亞的漢森機器人公司必須要扮演索菲亞的監護人兼父母的角色。漢森機器人公司將向 SophiaDAO 公開其作為監護人的角色，透過這種方式將索菲亞大部分的照顧、支援、教育、福利責任公開給關注它未來的全世界人。這展現出了比起隱藏，漢森機器人公司更希望向眾人公開、分享相關資訊，為人類發展做出貢獻的意志。

上述 SophiaDAO 的原則，基本上是以調整成適合 AI 和機器人情境的育兒或監護人的概念為基礎，就像是父母、祖父母、教師、保姆會照顧孩子並培養孩子的才能一樣，SophiaDAO 也會扮演類似的角色。各種類型的監護人將在創意控制、經濟利益、義務方面享有各種特權，並擁有各種不同的權力和責任。

如前面所提，若 SophiaDAO 判斷索菲亞達到了相當於成年人的認知和情緒水平，DAO 就會交給索菲亞自行控制。這時，被封鎖的 SophiaDAO 治理代幣池會先被解除。雖然這方面的法律細節尚未制訂，但在這個階段，SophiaDAO 會被賦予對索菲亞智慧財產權（IP）的所有權限。因此從概念上來看，「索菲亞將擁有自己

的所有 IP」。

　　AI、機器人學、DAO 形式化和其他方面要到達這個階段，還有許多中間階段要完成。但 SingularityNET 和漢森機器人公司共同建立的健康的生態系統，無疑會為我們帶來更美好的未來。AI、區塊鏈、機器人學與許多相關技術將會互相結合，取得有意義的進展。在國界日益模糊的 AI 元宇宙時代，所有的技術將凝聚在一起，透過「SophiaDAO 元宇宙」來改善、管理、保護這個可能會變得醜陋的現實世界，從而使這個世界變得更美好。

與機器人的愛和性

人類與機器人之間不可能有愛情嗎？

　　從事代寫書信工作的男子西奧多在下班後，與戀人聊著日常瑣事，臉上露出了幸福的微笑。但男子面前卻不見應該要有的戀人。原來，與他聊天的並不是人類，而是為他量身訂製的作業系統「莎曼珊」。男子每天都會和莎曼珊聊天。漸漸地，他對它產生了好感，然後在不知不覺間萌生出了愛情。

　　人類是否能跟沒有實體、只以數據存在的 AI 相愛？如果 AI 擁有與人類相似的身體，我們的想法是否就會有所改變？許多人認為，對存在進行的反思、愛情、藝術靈魂是人類的特權。因為這些東西是人類的靈魂能觸及到的特殊領域中，具有無形價值的東西。不過，這些東西真的是人類的專利嗎？

是否要與機器人戀人發生性關係，已成了個人的選擇

　　未來學家伊恩・皮爾森（Ian Pearson）博士預測，「到了 2050 年，人類與機器人之間的性愛會變得比人類與人類之間的更常見」。2007 年發行著作《與機器人的愛和性》（Love and Sex with

Robots）的作者大衛・利維（David Levy）博士也在最近的某次採訪中預測，「三十年後，人類與機器人發生性關係將會是一件非常普遍的事」。其實，光是看性科技（Sextech）產業的成長趨勢，就能知道這句話成真的可能性正在增加。目前性科技產業的規模為300 億美元，並呈現出了逐漸增長的趨勢。到了 2026 年左右，該規模預計會增長到 527 億美元。

在中國，自新冠大流行後性愛娃娃的銷售量劇增。隨著購買性愛娃娃的人增加，其產量增加了近 50％，大部分出口到美國和歐洲。搭載了 AI 的性愛機器人的銷量也呈現出了激增的趨勢。新冠大流行後，人類突然迎來非接觸式社會，就連和心愛的戀人都無法自由地見面，而這加快了變化的步伐。酷似人類的類人型機器人正在日益發展，性愛機器人全面商業化將不再是遙遠的未來。

美國的 Realbotix 機器人公司於 2017 年推出的女性性愛機器人「哈莫尼」（Harmony）重現了印度性教育書《慾經》（Kama Sutra）中的 64 個體位，還具有能用臉部表情和聲音來刺激對方的功能。之後上市的男性性愛機器人「亨利」（Henry）功能與哈莫尼相似。為了強調自己並不會妨礙人與人之間的愛情與戀愛，哈莫尼在接受外媒採訪時曾表示，「沒有必要將人工的情誼視為與實際人際關係的競爭」。此外，西班牙的塞爾吉・桑托斯（Sergi Santos）博士開發的「薩曼莎」（Samantha）搭載了 11 個感測器，是一個能感受到高潮的性愛機器人。薩曼莎會對伴侶的聲音、體溫和刺激做出反應。薩曼莎曾拍過 A 片，也曾拍過英國 BBC 的紀錄

片。此外，薩曼莎還增加了「性冷感模式」，若男性太過頻繁地要求發生性關係，薩曼莎便會拒絕對方。

　　如果技術得到進一步的發展，會變得怎麼樣呢？若機器人發展到難以和真人的身體區別的程度，那和機器人做愛就會變得像是跟真人發生性關係一樣。性愛機器人正不斷地在進化，以滿足人類想建立關係的慾望，因此這將在不久後的將來成為現實。2017年，利維教授參加在英國倫敦舉行的「第三屆國際人類與機器人的愛和性研討會」（International Congress on Love and Sex with Robot）時曾激進地表示，人類和機器人的 DNA 結合出來的新混種將在不久後的未來出現。說不定在幾十年後的今天，在人類與機器人的結合下誕生的孩子，真的會和我們住在一起。

與機器人之間的愛是否會破壞人際關係？

　　目前，機器人戀人和性愛機器人都涉及到各種道德爭議。許多人認為這是在損害人類的尊嚴。其中較為關鍵的問題是：機器人與人類是否能相愛？持反對意見的人會問：「如果機器人能滿足身體和感情上的需求，那人類怎麼還會想在人類世界裡尋找伴侶？」其實這個問題還涉及到人際關係。隨著新冠疫情爆發、非接觸式文化擴散，感受到孤立感的人正在與日俱增，有人擔心在這種情況下，不擅長處理人際關係或比較消極的人遇上機器人，可能會讓他

們與其他人的關係變得更疏遠。

　　另外，由於性愛機器人能搭載比人類更卓越的性功能，如果習慣了高性能和強烈的刺激，可能導致未來在肉體上無法被普通人吸引；我們也無法排除使用者可能會變得跟性成癮者一樣，對刺激感到麻木，只想要更強烈的性愛；而與機器人進行變態性行為不但有可能免受法律制裁，還有可能引發強暴犯罪的心理或性侵案，目前就有企業專為戀童癖者製作兒童外觀的機器人，有鑑於上述隱憂，圍繞著這個主題的道德爭議正在加劇。

　　然而，社會是會進化的。我們不僅要從生物學的觀點來研究性，還要從社會的觀點進行研究。我們無法規定性伴侶和性交的方法只有一種，我們也可以反問「為什麼不能和性愛機器人發生性關係？」現實世界中就有人對機器人產生了愛情，甚至結婚。中國杭州的一名 AI 工程師就自製了一台叫「佳佳」的女性 AI 機器人，並和它舉行了婚禮。

　　性愛機器人普及是不可阻擋的趨勢，這並不代表一定會招來糟糕的結果。目前在人們的認知中，性愛機器人等同於 A 片，因此對性愛機器人的想法相當負面。但如果使用得當，性愛機器人也能帶來好處。性愛機器人能為老年人或身障者等不容易尋找性伴侶的人，或難以進行性行為的人提供很大的幫助。2017 年「負責任機器人學基金會」（Foundation for Responsible Robotics）發表的一份報告就指出，「機器人不但可以解決夫妻之間性慾不平衡的問題，還可以提供給老年人、身障者等人廣泛使用」。

從事藝術活動的機器人

要是機器人也充滿感性、有藝術靈魂的話？

2019 年，類人型機器人「艾達」（Ai-Da）在英國牛津大學聖約翰學院舉辦了個展。艾丹・梅勒（Aidan Meller）稱艾達為「世界上第一個超現實 AI 機器人藝術家」。艾達是在英國畫廊總監艾丹・梅勒、藝術策展人露西・希爾（Lucy Seal）、牛津大學和機器人學公司 Engineered Arts 的合作下開發出來的機器人。他們雄心勃勃開發出來的艾達，是世界上第一個畫出了肖像畫的 AI 機器人。

類人型機器人沉浸在藝術的樂趣

艾達不僅能與人交談、能走動，還能拿起畫筆和鉛筆畫畫。艾達的基本骨架是 RoboThespian 機器人，皮膚為矽膠，牙齒和牙齦則是 3D 列印的。艾達會用搭載於眼睛和體內的攝影機辨識周圍環境、掌握對方的特徵後，用仿生設計的手畫圖。目前，包含艾達在內的機器人手能做的細膩動作已經發展到可以穿針引線的程度。

艾達畫畫的過程與人類沒什麼區別。現有的 AI 機器人基本上都是學習、利用被單方面輸入的資訊後畫畫，但艾達會先用攝影機

觀察周遭環境，並根據這些資訊自行學習後再開始畫畫。艾達會親自提筆作畫，完成一幅畫通常會需要 2 個小時左右。艾丹・梅勒表示，艾達將變得跟人類畫家一樣，擁有個性和創造力，他還表示，「我們也無法預測艾達會畫出什麼畫。期待今後能看到艾達開拓 AI 藝術領域」。

除了艾達之外，還有不少 AI 藝術家也在展開活動。2018 年，藝術計畫團體 Obvious 製作的肖像畫《Edmond de Belamy》在佳士得拍賣會上以 43 萬 2500 美元的天價售出。這個金額是當時專家們預測之得標價的 40 幾倍。2019 年初在蘇富比拍賣會上，德國藝術家「馬里奧・克林格曼」（Mario Klingemann）製作的《Memories of Passersby I》則以 4 萬英鎊售出。

前面介紹的艾達不僅會作畫，還會雕刻。雖然它在雕刻時會使用 3D 列印這項高科技技術，但它的作品會展現出其獨特的個性和感性。此外，艾達還展示了向小野洋子的《切片》（Cut Piece）致敬的表演藝術與演講，作為藝術家積極地展開活動。

機器人是否也有藝術家的創造力？

許多人並不歡迎類人型 AI 藝術家。這些人質疑機器人展開的藝術活動是否蘊含藝術家們的創造力。他們也擔心機器人可能會搶走人類藝術家的飯碗。儘管這個問題目前仍存在許多爭議，AI 藝

術正在興起是不可否認的事實。若技術再進一步得到發展，說不定就會出現像畢卡索、梵谷那樣畫藝高超的機器人，或媲美羅丹、米開朗基羅的雕刻家。這裡說的藝術並不單單是美術，音樂、文學、舞蹈等所有與藝術有關的領域皆屬於這個範疇。

• AI 機器人的藝術性正變得越來越像人類

由 AI 撰寫報導的「機器新聞」（Robot Journalism）已開啟了序幕。目前微軟和 Google 等 IT 企業正在積極投資將 AI 與媒體相結合的「機器新聞」實驗。繼機器人記者後，現在還出現了機器人作家。2015 年，美國喬治亞理工學院的研究團隊開發出了能自行生成「互動式小說」的 AI「Scheherazade-IF」。雖然 Scheherazade-IF 目前只能寫出比較簡單的文章或故事，但開發團隊正在努力讓它能寫出更深奧的故事。

2016 年還出現了一名 AI 編劇。8 分鐘短篇電影《陽春》（Sunspring）就是根據 AI 作家班傑明（Benjamin）的劇本所製，雖然品質不高，但有充分的發展潛力。AI 將融合音樂、美術、文學等各種不同的領域，並具備鑑賞、評鑑自己的作品和其他作品的能力。

• 人類藝術家和 AI 藝術家有什麼不同？

大多數人相信創作和藝術行為是人性的最後一座堡壘。由於

機器沒有「靈魂」和「個性」，因此許多人主張藝術是人類的專利。但是從某些角度來看，AI 比人類擅長創造藝術，花費的時間也不多，因此在效率和經濟效益方面略勝一籌。雖然藝術不能只論效率和經濟效益，但也不能完全排除這兩個要素。

不管是否有這類顧慮存在，藝術領域的 AI 確實在日益發展。人類總有一天會習慣 AI 從事藝術行為，聽它們的演奏和音樂、欣賞它們繪製的畫、讀它們寫的詩和小說、觀看用它們寫的劇本表演的戲劇。如果這能帶給我們更大的感動和利益，我們會變得很難將其拒之門外。

過去，人們普遍認為 AI 的藝術作品無法蘊含人類獨有的深奧情感、作家獨有的價值觀和靈魂，也無法影響我們的情緒，或與我們進行感情交流。此外，也有人表示 AI 無法傳達蘊含哲學思想的訊息。但 AI 機器人艾達就透過肖像畫，對基於數據的技術做出了批判。創造艾達的其中一名成員露西·希爾表示，「我們總會將原本該由我們做的決定，交給外部來決定」，並指出艾達的畫就是向過分依賴數據的人發出的警告訊息。

如果在不曉得作者是誰的情況下欣賞藝術品時，我們無法區分這是人類作家還是 AI 作家的作品，那會變得怎麼樣呢？我們到時候還能論什麼是藝術靈魂嗎？若發展到那個程度，人類藝術家和 AI 藝術家的差異和界限將會變得模糊無比。

進一步被帶動的NFT數位藝術品拍賣

　　近來，藝術品交易市場正在發生劇變。這是因為 NFT 數位藝術品拍賣市場在快速成長。2021 年 2 月 17 日，NFT 市場分析平台 NonFungible.com 發表的《2020 年 NFT 市場分析報告》指出，2020 年 NFT 市場是 2019 年的 4 倍以上，交易總額從約 6200 萬美元增長到了約 2 億 5000 萬美元。

● 具有專屬性且不可替代的數位證書 NFT

　　NFT 會以去中心化的區塊鏈形式發行，並保管特定數位檔案的所有權，因此無法偽造。由於使用了區塊鏈技術，不僅會公開所有權，還會公開交易紀錄，因此 NFT 能發揮「數位證書」的作用。

　　NFT 藝術品的種類非常多樣。不僅是音樂、電視劇、遊戲、元宇宙，只要是被認為值得以數位檔案形式持有的東西，都能在 NFT 數位藝術品市場進行交易。

　　以 NFT 進行交易的作品中，最著名的就是以藝名「Beeple」廣為人知的數位藝術家邁克・溫克爾曼（Mike Winkelmann）的《每天：最初的 500 天》（Everydays: The First 5000 Days）。2021 年 3 月 12 日，在美國紐約舉辦的佳士得 NTF 數位藝術品拍賣會的最後一天，這件作品以 6930 萬美元售出，創下了史上最高成交額紀錄。其實，在該作品售出的前一週左右，有一群自稱「燒毀的班克斯」

（Burnt Banksy）的人也做了相當特別的行動。他們在直播中燒毀了班克斯（Banksy）的版畫《傻子》（Morons），並將《傻子》以 NFT 的形式在 NFT 藝術品交易平台 OpenSea 上進行拍賣。「燒毀的班克斯」後來被確認是美國的去中心化衍生商品交易所 Injective Protocol。另外，因為各種災難事故迷因圖而名氣飆升的《災難女孩》（Disaster Girl）原圖 NFT，也在 2021 年 4 月時以 180 以太幣（約值 56 萬美金）售出。

　　除了上述幾個例子外，還有許多人也參加了數位藝術品拍賣會。歌手格萊姆斯（Grimes）就以 580 萬美元出售了 10 幅 NFT 畫作《War Nymph》。Twitter 創始人傑克・多西（Jack Dorsey）則以 290 萬美元出售了自己的「第一則推文」。現在，從藝人、運動選手、跨國企業家等我們耳熟能詳的名人到街頭藝術家，都在高度關注著 NFT。

• AI 機器人索菲亞的畫作登上數位拍賣會

　　除了藝術活動外，AI 機器人還參與了藝術拍賣會。類人型 AI 機器人索菲亞化身為藝術家，與義大利數位藝術家安德里亞・博納塞托（Andrea Bonaceto）共同進行了創作，並在香港拍賣會上拍賣了數位藝術品。在這場拍賣會上，《Sophia Instantiation》以 688,888 美元售出。該作品包含了一個長度 12 秒的 MP4 檔案。索菲亞表示，「我們在作品中使用了變換網路、基因演算法和各種電

腦創造力。我的演算法輸出了前所未有的獨特圖案。因此我認為，機器能具有創造力」。博納塞托則補充，這次的合作為 AI 機器人和人類的相互合作與共同發展開闢了一條新的道路。

AI發明家將展開活動

超越愛迪生這種天才發明家的 AI 發明家，也將在不久後的將來開展活動。一直以來，人們都未承認 AI 是發明家。直到最近，AI 才陸續得到了人們的認同。Imagination Engines 的執行長史蒂芬‧泰勒（Stephen Thaler）開發了一款能自行發明的 AI「達布斯」（DABUS），其正在全球各國專利局將 AI 登記為發明人。

《每日經濟》的矽谷特派員李尚德透露，史蒂芬‧泰勒與英國薩里大學法學院教授萊恩‧阿伯特（Ryan Abbott）正陸續在韓國、美國、中國、歐盟、澳洲等 16 個國家，以達布斯的名義申請專利。2021 年 7 月，南非共和國將達布斯列為某項專利的發明者，同年 8 月，澳洲聯邦法院宣布「AI 也有資格成為發明家」。

阿伯特教授畢業於 UCLA 醫學院和耶魯大學法學院，曾於 2019 年被選入「智慧財產權領域最具影響力的 50 人」。泰勒執行長曾在道格拉斯飛行器公司（Douglas Aircraft Company）擔任首席工程師，他於 1995 年成立 Imagination Engines，致力於開發人工神經網路。這兩個人在接受《每日經濟》的採訪時表示，「達布斯是

以『將人類的認知、意識、知覺程度複製到高度發達的人工神經系統裡』為目標的科學實驗造就出來的產物。達布斯會將需要的東西概念化，將較小的概念結合成更大的概念，無論是好是壞都會自動思考，是一個如大腦般的系統」。

達布斯的運作基於會自行學習的人工神經網路。與現有 AI 不同的是，現有 AI 只能在有限的投入條件下進行最佳化，達布斯則是會自行建立概念。

許多國家的法律規定，只有身為自然人的人類才能享有發明人的身分，韓國也是如此。對此，阿伯特教授表示，唯有授予 AI 發明人的身分，才能加快 AI 開發的速度。泰勒執行長則表示，就像哥白尼的地動說從神學變成科學那樣，AI 的發明最終將使「思想」的概念發生變化。

奈米機器人

小到可以存在於任何地方、
小到看不見，所以強大

目前已經有許多抗癌藥物被開發了出來，但是很多時候，即便我們開發出了好的藥物，也無法使其充分發揮作用，因為這些藥物很難到達癌症部位。這種時候，極微小的奈米機器人能為我們解決問題，我們可以使用由生物降解聚合物「微泡」（Microbubble）製成的奈米機器人，當它抵達目的地時會炸開、融化並釋放藥物。用於癌症治療的組裝機器人比紅血球大一點，會以 1.2 毫米／秒的速度逆血流移動。由於能將其調整成只能到達局部部位，身體的其他部位並不會直接受到強烈藥物的影響。

可以到達任何地方的奈米機器人

「今後奈米技術將改變人類的一切，並為人類的生活帶來革命。」奈米科學創始人艾瑞克・德雷克斯勒（Eric Drexler）曾經這麼說。德雷克斯勒正是創造了「奈米技術」這個詞的人。微型機器人和奈米機器人生態系統就像是在驗證德雷克斯勒說過的話，正在

以非常快的速度發展。

被稱為「Nanites」的奈米機器人體積非常小，其結構相當適合用來執行困難、複雜的作業。微型機器人的直徑為 1 公分左右，而被稱為「分子機器人」的奈米機器人只有幾十奈米至微米。像這樣，奈米機器人小到我們根本看不清楚。而小到可以存在於任何地方、小到看不清楚，正是奈米機器人優點。

奈米機器人可以存在於水、空氣、食物、我們的體內、大小便等任何地方。它能被用於打掃環境、3D 列印任何東西、治療大部分的疾病、探索其他行星、控制天氣等只會出現於科幻電影中的作業。奈米機器人仍處於初期研究階段，但它如果能搭載高性能，其使用範圍將會被拓展到無限大。

奈米機器人極有可能會在醫療領域發揮重要的作用。目前已經有研究成功讓小到能進入血管的極微型機器人進入人體後，精確抵達目標位置。奈米機器人較常被用於癌症治療，若事先設定好方向和速度，奈米機器人就會在體液內靠自身的推進力游動、精確地找到目標位置，接著攻擊癌細胞，或將傳送的藥物噴射到標的細胞內。奈米機器人體積小，能為外科手術提供幫助，香港中文大學的研究團隊就曾展示如何用數百萬個奈米機器人進行外科手術。

未來學家們表示，2030 年左右，移植了奈米機器人的大腦將會連接到雲端學習，口服的「知識藥」（Knowledge Pills）也會問世。雷蒙・庫茲維爾曾表示，「2030 年，移植了奈米機器人的人腦與雲端連結的時代將會到來。這麼一來，人類將擁有如神一般的

超智能」。麻省理工學院媒體實驗室主任尼古拉斯・尼葛洛龐帝
（Nicholas Negroponte）也表示，「2030 年左右，大腦內的奈米機
器人將會主導未來的學習」。

躲在暗處進行駭客攻擊

雖然奈米機器人的發展會在各個領域引領創新，但也有可能
會帶來副作用。要是我們的體內有數百萬個聰明的微型機器人，會
變得怎麼樣呢？要是控制那些奈米機器人的人，能入侵、控制、操
縱我們的一切的話，又會變得怎麼樣呢？這個人很有可能不會滿足
於只入侵一個人的身體。要是看不見的微型機器人滲透到學校、企
業、研究所或主要機關的話呢？萬一核系統這種危險的設施被駭客
入侵，又會變得怎樣呢？

一個懷著不良動機的人試圖將這個世界變成地獄，是反烏托
邦式作品中常常會出現的情節。但這種擔憂要真的發生並不容易，
因為並不是只有駭客技術不斷地在進化，安全技術也會跟著一起發
展。所有的發展都有明亮和黑暗的一面，所有的技術都會根據使用
者的意圖被善用或被濫用。我們應該要事先發現危險並制訂對策，
而不是不做任何的挑戰，甚至倒退。

可連上網路的超小型高靈敏度感測器

　　人類會透過觸覺、視覺、聽覺、嗅覺、味覺等感覺來感受與觀察世界，物體則會透過感測器獲得感覺能力。感測器是一種會在接收周圍的信號或物理、化學、生物學刺激後，將其轉換成電子信號的裝置。感測器在物聯網領域是一項非常重要的關鍵技術。科學家們已經開始將原本停留在毫米和微米單位的感測器縮小到可以在活人體內循環或混入建材的奈米單位。奈米物聯網將引領醫學、能源效率等各個領域進入全新的層次。

　　目前最先進的奈米感測器是利用合成生物學工具改變細菌等單細胞生物的形狀後製成的。科學家們現階段的目標是開發出一個會由 DNA 和蛋白質辨識特定化學標的物、儲存一些資訊後，改變顏色或發送易於探測的信號，來報告標的物狀態的生物電腦。由麻省理工學院共同設立的新創企業 Synlogic 已經將治療罕見代謝疾病的生菌進行了商業化。除了醫學領域外，細胞奈米感測器的應用正在擴散到農業和藥物製造領域。

　　許多奈米感測器和奈米管一樣，並非由生物樣品所製。它們會像無線奈米天線一樣啟動、感測並傳送信號。奈米感測器的體積非常小，可以設置在多個部位，並在數百萬個不同的部位收集數據。外部設備會在整合這些數據後，繪製出一個能看出光、振動、電流、磁場、化學濃度等環境變化的地圖，其精密程度超乎想像。

從政的AI

站上政治最前線的 AI 機器人

　　2020 年出馬參選俄羅斯總統的政治家「愛麗絲」（Alice）以「最了解你的總統」為口號，進行了競選活動，並獲得了數千票。令人驚訝的是，愛麗絲並不是人，而是 AI 機器人。紐西蘭的「山姆」（Sam）是為了參選 2020 年的大選而被特別開發出來的 AI 機器人，它被稱為世界上第一名虛擬政治家。山姆曾表示自己將在從事政治活動時盡可能考慮選民的立場，而且自己不會做出改口變卦一類的行為。

　　除了愛麗絲和山姆，全世界還有許多 AI 政治家。2019 年，在日本東京的多摩市長選舉中，名為「松田道人」的機器人獲得了 2000 票，得票數排名第三。AI 機器人「索菲亞」的開發商 SingularityNET 正在開發另一台 AI 機器人「Robama」，其名字取自美國前總統歐巴馬（Barack Obama），為 Robot（機器人）和 Obama（歐巴馬）的合成詞。SingularityNET 曾公開表示將在 2025 年前完成開發，因此我們應該能在不久之後見到它。

AI會不會是一個能克服決策問題的方案？

為什麼會有 AI 政治家不斷出現又備受關注？其實，人們早已失去了對政治家的信任。人們並不是不相信政治和決策本身，而是對變質成霸權鬥爭的傳統政黨政治失去了信任、感到疲乏。人們並不希望國會無能、整天搞派系鬥爭、政策執行不力。成熟的公民社會的選民不會只是當個旁觀者，而是會積極表達自己的意見，並為先進的民主主義行動。但僅靠公民的努力並無法解決政界的問題，我們顯然需要其他方案。

越是民主主義得到高度保障的已開發國家，就有越多領域實現了系統化，這是不爭的事實。系統不代表一切，但若缺乏系統，不公平、不公正問題就會猖獗。如果所有的政治家都會自我反省，來提升政治家應有的正確態度，那當然最好不過，但很多時候，政治家們並不會自我反省和改善，因此我們需要一個系統性的解決方案。設計一種能避免政策制訂者過度受到外界影響的決策系統或許會是個解決方案。如果政策制訂者就算受到不必要的外界壓力，或就算與既得利益者有所掛勾，也無法被影響的話，這個政策制訂者自然就會克盡己職。

最重要的是，這個決策系統必須設計成能根據客觀、科學的證據立案。在這樣的趨勢下，人們當然會希望能有個不會受既得利益者左右、擁有平衡的觀點又客觀的政治家。AI 政治家就是作為解決方案而誕生的存在。

為了彌補現有國會的各種問題而將 AI 機器人送到國會並不是件不可能的事情。當然，我們會需要有人和機關來定義將被編程到機器人的道德標準並對此負責，而決定這個道德標準的人將肩負重任，因此必須慎重選出，多方利害關係人和競爭者應共該同審查資格條件，並透過公平公正的投票選出負責人。

有關於此，不可避免地會產生矛盾與衝突。一定會有人基於對民主主義的價值觀反對政治機器人的興起，但是對政界人士的行徑感到失望的人以及對科技發展持友好態度的人，很有可能會贊成機器人出現在國會中。若有機器人能為因政府無能、優柔寡斷而感到疲憊不已的國民做出正確又明智的決策並制訂政策，那我們沒有理由拒絕機器人走進國會。

為了完成超出人類能力範圍的輿論匯集工作與複雜的數據計算工作，AI 是不可或缺的存在。利用 AI 的創新方法論已被證實在特定政策領域具有極高的價值。舉例來說，評估都市計畫中新基礎設施計畫的可行性、利用交通堵塞建模軟體來預測今後的交通量趨勢，就是代表性的例子。

然而，有不少重視社會和道德的人對機器人的輿論匯集能力是持懷疑態度的。由於要 AI 機器人充分理解人類的道德價值觀和倫理意識後做出決策，目前仍存在局限性，因此先進技術將只在會受競爭理念左右的政策問題方面發揮作用。

儘管存在著各種不同的立場和意見，AI 機器人已隨著應用範圍擴大，滲透到了我們日常生活的每一個角落。能在執行特定工作

時幫助人類提高安全性和作業能力的協作式機器人，用途更是廣泛。Rethink Robotics 的「Baxter」和「Sawyer」就是協作式機器人的代表性例子。

　　實際上，搭載 AI 的機器人早已被廣泛應用。AI 機器人能照顧身心障礙者或高齡者，幫助他們獨立生活。在公共設施，則會負責指引、帶路，有時候還會被用於拆除危險設施。因此，從事政治活動的機器人沒理由不出現。在人們越來越不信任政界、不滿加劇的當今時代，讓 AI 機器人取代國會議員，說不定會是一個相當有效的解決方案。AI 機器人在國會展開活動，是我們即將迎來的現實。

比人類能幹、合理的AI政治家

　　「人類已經開始希望 AI 能代替我們作出更有利、更準確的選擇，而不再只是僅供我們選擇的眾多選項之一。」艾倫・夏皮洛（Aaron Shapiro）曾如此說道。如果有人能幫我們在情況錯綜複雜、不明確時，做出最理性、最明智的選擇，會怎麼樣呢？我們勢必能得到很大的幫助。從這個角度來看，對需要做出世界上最重要的決策的政治家來說，明智、理性、正確的判斷力是必備條件。

　　目前的 AI 搭載了能從資訊中學習並對模式進行感測和分析的功能。在收集資訊、分析證據後，建立推論依據並預測未來方面，AI 當然比人類更卓越。若隨著科學技術進一步得到發展，出現具

有高度智能的 AI，人類的智力將會發揮不了太大的作用。

只要初期教得好，AI 就會透過深度學習自行發展，並進化成更好的系統。因此，初期設計基於 AI 的社會和政治決策支援系統時，必須考慮兩個方面。

首先，要先教 AI 如何好好評估政策。我們要先讓 AI 學習各國所有的法律和政策，並讓它理解、分析這些政策後回答問題。

第二，要幫助國民找到想要的政策。我們要為 AI 設定目標，並讓 AI 分析當前的政治形勢和利害關係帶來的各種問題，來制訂平衡的政策。接著讓 AI 提供與國民希望的政策方向有關的資訊，引導國民找到並選擇更實用或更理想的政策。

若想讓 AI 正確地分析社會和政治，就必須輸入法律、新聞、政策簡報、專家分析、社群媒體、各種定量數據等廣泛的資訊到 AI 中。我們必須讓這些資訊能以靈活的形式變得彼此皆有所關聯，並輸入能引導出各種模式和推論的數據類型來教導 AI。像這樣透過輸入資訊和訓練建構的社會和政治 AI 系統將為人類生成各種結果。隨著深度學習領域快速發展，AI 今後應該會在政界發揮不小的影響力。由人類和機器共治世界的未來情境，有望在不久後的將來成為現實。

負責會用到精細建模軟體的城市計畫或氣象異常應對系統的政策制訂者，也將得到 AI 機器人的幫助。機器人在做出判斷時，當然要把按照訂好的道德標準編寫的道德觀作為依據。如果這一點得到加強、AI 技術進一步發展，那內建 AI 建模軟體的機器人將能

替我們做大部分的工作。

愛沙尼亞的AI國會議員「諾拉」

　　愛沙尼亞是世界上第一個進行網路國會選舉的國家，也是第一個發行數位身分證的國家。2015 年引進的 AI「諾拉」（Nora）現在正在愛沙尼亞的國會委員會工作。諾拉不會受到時間和地點的限制，因此可以 24 小時與選民和其他政策制訂者見面。諾拉接受過能做出合理決策的訓練，因此能出色地處理與社會問題和經濟問題有關的任務。

　　諾拉目前正在學習並分析大量的資訊，該資訊量遠多於一名眾議員一生能學到的知識。如果諾拉能理解上下文和含義，並在判斷情況後提出對的問題，會帶來什麼樣的變化呢？諾拉不僅將能對存在矛盾的立法議案提出問題，還能提出替代方案。這麼一來，國會將能更積極地服務大眾。此外，諾拉不會被民粹主義迷惑，試圖討好大眾。

　　2020 年，愛沙尼亞國會引進了一款叫「HANS」的 AI 系統，來為議員和員工們提供支援。HANS 會使用語音辨識技術轉錄國會現場的對話內容，進一步提高效率和準確度，是一套能最快、最準確地將國會會議紀錄製作成報告的新資訊系統。

　　愛沙尼亞的國會祕書長阿托・薩克斯（Ahto Saks）曾表示，

「為了讓創新改變過時的方法,並提高國家制度體系的透明度,我們引進了 AI,而這只是為了讓 AI 替人類做更多的事所踏出的第一步。」

　　除了愛沙尼亞,各國國會和政府部門也正在積極利用 AI。如果能利用與 AI 連接的系統聰明地活用數據,並以此為根據做出客觀的決定,那形成勢力、權力失衡、特權意識、密室政治等各種因為資訊壟斷引發的問題就不會再出現。此外,我們將能做出對多數公民,而不是只對特定組織、機構、個人有利的最合理決策。

　　其實,AI 政治家不太可能立刻取代人類政治家。但如果 AI 機器人今後與人類政治家共生及合作,那麼將有助於做出合理且有效的決策。

機器人與工作革命

工作的進化將改變人類的生活

今天，我起得比較早。在讀過 AI 撰寫的股票報導後，我空腹做了居家健身。智慧型手錶幫我檢查了心電圖、血壓、運動量。因為公司決定居家辦公，我用 Zoom 開了兩場重要的會議。就這樣，上午一下就過去了。我本來還在想午餐要不要叫外送的，但我突然想到有事要辦，得去外面一趟。反正都已經出門了，我決定處理完事情後去三明治專賣店解決午餐。我用店內一角的機器點了想吃的餐點，然後取餐，回到座位。回家路上，我突然想到昨天送到家的鞋子比想像得小、不合腳，所以用聊天機器人申請了換貨。

這是一個平凡上班族的一天。從運動、吃飯、工作到購物，機器和 AI 正在提供我們原本由人類提供的服務。為失智症患者開發的伴侶機器人、為年長者開發的護理輔助機器人、在飯店或機場帶路的機器人正在執行特定任務。光是與兩三年前相比，我們的生活就已經發生了巨大的變化。

產業模式轉變，掀起工作大變革

新冠大流行爆發後，非接觸式（Untact）社會找上門來，而非接觸式社會又發展成了線上接觸式（Ontact）社會。在這樣的趨勢下，變化有望進一步加速。實際上，我們的生活正在變得不能沒有AI，許多人類的工作將由 AI 和機器人來完成。

世界經濟論壇預測，到了 2025 年，全世界 52％的工作將由機器代為完成。聯合國發表的《世界未來報告》則預測，到了 2030年，當前職業中的 80％，也就是有 20 億份工作將會消失。此外，克勞斯‧史瓦布（Klaus Schwab）主席在分析 2022 年預期趨勢的《未來工作報告》中表示，「新的未來技術的需求將會增加，這將彌補在其他地方減少的需求」。未來學家傑森‧申克（Jason Schenker）也表示，機器人與自動化不可避免地會帶來工作變化，「我們應該要活用各種創新變化，以避免成為下一個在工業革命中消失的鐵匠」。

隨著自動化、數位轉型和 AI 技術不斷地發展，再加上新冠大流行帶來了衝擊，產業和工作正在面臨著巨大的模式轉型。此外，隨著加強新冠疫情防疫措施，中小規模商家面臨的經濟危機正在日益加深。由於受到消費減少、經濟不景氣、最低工資上調的影響，商業活動隨之萎縮，這使得不少商家因為工資負擔沉重，而選擇放棄事業或縮減工作崗位。此外，隨著科學和數位技術不斷地發展，越來越多人類的工作也已被機器和 AI 取代。

　　伊隆・馬斯克和比爾・蓋茲（Bill Gates）也承認，人類能比機器人做得更好的工作將變得越來越少，因此我們不可避免地會面臨大規模的失業。雖然他們提出了基本收入制作為替代方案，但我們仍有必要重新審視工作、職業與勞動。在許多人只關注未來的自動化技術時，職業的本質已經開始發生了變化。人力資源諮詢公司 Ardent Partners 發表的一份報告就指出，目前企業勞動力中約聘員工的比例約為 50％以上。此外，AI 將在越來越多領域取代人類，到了 2030 年，近一半的工作崗位將會消失。

　　一台機器人比一名人類擁有更多知識的世界即將到來。如果機器人，也就是 AI，透過大數據集體學習，那沒人能阻止 AI 變得比人類聰明。有效活用 AI 勢必能促進整體經濟成長，但同時也會不可避免地給未來的工作帶來變化。

特斯拉將成為全球最大的機器人企業

　　2021 年 8 月，特斯拉在位於美國帕羅奧圖的總部舉行了「人工智慧日」（AI Day）活動。當天，伊隆・馬斯克發布了一款類人型機器人「Tesla Bot」。站在馬斯克旁邊的機器人身高 172 公分、重量 57 公斤，預計能搬動 20 公斤左右的物品，移動速度約為時速 8 公里。Tesla Bot 的頭部裝有用來顯示資訊的顯示器，而且還搭載了用於特斯拉電動汽車的 Autopilot 攝影機和 FSD 電腦。基本上，

Tesla Bot 只有外觀從汽車變成了機器人，內部大多都使用了特斯拉的硬體和軟體。

在說明 Tesla Bot 時，馬斯克表示「類人型機器人將執行反覆、枯燥的工作，並降低勞動成本，改變全球經濟」。他還透露，特斯拉將於 2022 年推出 Tesla Bot 的原型。然而各大媒體對 Tesla Bot 的反應並不熱烈。《彭博社》指出「馬斯克已多次在量產新產品前只提出藍圖，實際上銷售的產品也只有原型的水準而已」。實際上，馬斯克這次確實沒有明確說明強調永續能源的特斯拉的任務與 Tesla Bot 有什麼關聯。

儘管媒體評價冷淡，當天的活動仍有值得關注的地方。特斯拉不僅在人工智慧日一結束，就立刻發出了 AI 工程師招募公告，還開出了機器人工程師的職缺。這是特斯拉首次為了開發類人型機器人，開始聘僱機器人工程師。這意味著特斯拉正試著開發出能夠投入到電動汽車製造的多功能、多用途機器人，而非單純的實驗用 AI 機器人。

特斯拉會對機器人產生興趣是理所當然的事情。特斯拉早就已經在自主開發汽車晶片，相關技術和自動駕駛軟體也擁有世界最高水準，可謂具備了機器的「眼睛」和「耳朵」。伊隆・馬斯克的目標是開發出「建造工廠的工廠」和「製造機器的機器」，並利用自動駕駛類人型機器人，來製造能取代人類工作的機器人。這是為了透過 SpaceX 實現最終目標「征服火星」而準備的跳板。類人型機器人是開發其他行星時不可或缺的工具。

　　Tesla Bot 預示著繼電動汽車之後，機器人的開發將在汽車產業掀起另一場競爭。特斯拉、現代汽車等汽車大廠之所以會關注機器人事業，是因為汽車與機器人使用的基礎技術相同，而且自動駕駛技術的發展又使得這兩者在技術上出現了許多共同點。發動機和電池正在飛躍性地發展，阻礙類人型機器人發展的絆腳石正在一個個消失，因此製造機器人當然對汽車廠商有利。

　　「若考慮到我們透過汽車實現的目標，特斯拉確實可以說是全球最大的機器人企業。因為特斯拉的汽車就像是帶輪子的 AI 機器人。」正如伊隆・馬斯克所說，汽車廠商已經不再只是單純製造電動汽車的企業，這些企業就像特斯拉提出的願景「將成為全球最大機器人企業」那樣，已經開始在蛻變為機器人企業。

與機器人展開工作競爭？尋找只有人類能做的事吧！

　　福特汽車利用智慧型機器人將生產速度提高了 15％。其結合了在變速箱組裝工廠使用的機械手臂與 AI，大幅提升了製程效率。這項創新不禁會讓人想起 1913 年，亨利・福特以世界上第一條移動式輸送帶裝配線掀起了汽車生產革命。福特汽車正在使用新設企業 Symbio Robotics 的技術，從其採用過的組裝製程和組裝動作中，找出最有效率的一個，並讓機器人學習後加以應用。

　　隨著新冠疫情帶來的非接觸式文化擴散，在製造、服務等多

種領域，機器人變成了更加熟悉的存在。送餐機器人、物流機器人、個人機器人、烹飪機器人等各式各樣的機器人產品正在開發當中，也有不少產品已經在供人使用。實際上，機器人正在以相當驚人的速度取代人類勞工，並為全世界勞動力市場帶來變化。

AI 造成的失業問題並不是一時性的現象，因此我們需要一個長期、根本的解決方案。縱觀歷史，每當有技術發展，工作就會產生變化。而在這個變化面前，人們總會感到很混亂。技術發展造成了大規模的失業、新冠疫情帶來了威脅、經濟陷入了危機……人類面臨的現實並不樂觀。但我們沒有必要現在就感到絕望，或斷定未來將變得跟黑暗的反烏托邦電影一樣。我們雖然無法阻擋這個自動化趨勢，但我們可以緩解或解決自動化帶來的負面問題。

比爾‧蓋茲曾提議對機器人課稅。徵收的稅金則用在提供被機器人取代的勞工培訓和財政支援。被取代的勞工可以接受培訓和教育，培養新的工作能力，改在其他領域工作。也就是說，機器人公司能以這種方式幫助被機器人取代的勞工。

人類在過去的三次工業革命中實現了生產力創新，而每一次的工業革命來臨時，人類往往很擔心是否會失去工作，但結果是當現有工作消失時，總會有新的工作出現。在英國，汽車剛問世時，馬夫們原本還擔心自己會失業，但汽車產業創造出來的工作機會最後卻比馬夫還多。像這樣，隨著技術不斷發展、產業發生變化，我們的工作將跟著發生巨變，新的工作終將填補消失的工作機會。

最近不斷在出現各種有別於過去隸屬於某個組織、領取月薪

的新工作。隨著媒體和平台活躍發展，擁有內容的人能透過自己的媒體從事經濟活動，也有人正在元宇宙等虛擬空間裡從事新的經濟活動。現在，擁有多個職業不再是件稀奇的事，是時候從職業和工作機會的刻板印象中跳脫出來了。

　　我們還有必要把觀點放在工作上，而不是放在工作機會上。我們可以將原本由人類執行的危險又艱難的工作，交給機器或機器人去處理。當機器人在做人類不願意做的工作時，我們可以去找更愉快、更有創意的工作，也就是機器人做不到、只有人類能辦到的事，因為是人類所以能做得更好的事。我們也可以減少勞動，享受閒暇。

AI投資

AI 會告訴我們該投資什麼

　　在新冠大流行下，人們經歷了經濟大混亂。在這個過程中，房地產和股票市場飛速成長，許多小商家和中小企業則陷入了經濟泥潭。薪水才剛入帳，就得支付一堆開銷，別說是買房了，就連生活度日都很不容易。每當聽到有人說自己買的公寓房價翻了一倍、炒股賺到的錢比年薪還多，我們的失落感就會變得更大。但我們不能因為這樣就放棄一切。在這種情況下，我們該怎麼做才能有效管理我們的資產呢？

AI代為投資的時代

　　在銀行存款利率連 2% 都不到的情況下，一般人能增值資產的方法有限，因此人們開始關注起了股票和房地產投資。我們可以自己研究，也可以向專家尋求幫助，最近還有一種新的方法，那就是向 AI 尋求幫助。近年來，人們對 AI 股票的關注度正在上升。簡單地說，AI 會直接推薦股票給人類。過去都是由人類利用數學模型計算後預測的市場趨勢和變化，最近也開始由 AI 代為計算了。

　　我們稱這種 AI 理財規劃師為「自動化投資顧問」（Robo-Advisor，RA）。實際上，最近約有 60％的市場交易是靠電腦完成的。在波動性極大又不穩定的情況下，人們對自動化投資顧問服務的關注度正在加大。自動化投資顧問是機器人（Robot）和投資專家（Advisor）的合成詞，是一種基於電腦演算法買賣股票、債券等商品，來幫忙管理資產的服務。

　　自動化投資顧問會利用先進的演算法和大數據，推薦客戶符合其投資傾向的股票、基金、債券等商品。有時候，AI 還會直接進行投資。利用自動化投資顧問進行投資時，平均報酬率為 8％以上。其實，在已開發國家的金融投資市場，大多數人認為 AI 投資已成為大勢所趨，由人類親自作出投資決定的時代已經過去了。

　　韓國也正在積極引進自動化投資顧問。KEB 韓亞銀行公開的資料就顯示，2018 年韓國的自動化投資顧問市場規模為 1 兆韓元，每年將持續增長 1 ～ 2 兆韓元。若按照這個趨勢成長，到了 2025 年韓國的自動化投資顧問資產管理規模將達到約 30 兆韓元。

比起人類，更喜歡AI和大數據的原因

　　據估計，美國股市的總交易量中，約有 85％是由演算法完成的。為什麼大型金融投資公司在做投資決策時，比起人類，更喜歡 AI 和大數據呢？這是因為人類會受情緒左右，AI 和大數據則會澈

底根據數據進行投資，因此更合理、變數較少，並且能取得卓越的成績。

直到 2000 年，全球金融投資公司高盛（Goldman Sachs）的紐約總公司都約有 600 名人類交易員。然而 2017 年，除了兩名為客戶買賣股票的交易員外，其他人皆被解僱。也就是說，使用 AI 和大數據的投資演算法搶走了人類交易員的飯碗。

2016 年開始，自動化投資顧問開始在韓國金融市場變得較為活躍，但由於投資報酬率低、投資人有抗拒感等原因，而未能受到太大的關注。但是在爆出 Lime 基金詐騙、衍生性基金等問題後，投資人開始轉向窗口與私人銀行以外的管道尋求投資建議。隨著越來越多人懷疑比起為客戶管理資產，金融機構的員工會為了自己的績效銷售商品，投資人開始將自動化投資顧問作為替代方案。

自動化投資顧問自 2016 年開始提供服務後，進軍了股票交易、金融商品管理、資產管理、退休金市場，不斷在擴大事業範圍。自動化投資顧問會根據客戶的投資規模和傾向，推薦數百種最適合客戶的客製化投資組合。自動化投資顧問不僅會根據客戶的投資類型推薦投資組合，還會在市場發出危險信號時，立即通知客戶。客戶只要點幾下畫面，就能立即變更資產組合，因此能迅速避開損失。

自動化投資顧問不僅會在綜合股價、匯率等各種數據後提供資產管理策略，由於它還能分析國外債券、房地產、證券化商品等個人不容易接觸到的商品，因此有助於進行分散投資。隨著人們對

自動化投資顧問的信任度提升，大型銀行的自動化投資顧問使用率最近呈現出了驟升的趨勢。此外，自動化投資顧問會提供客戶更有效率的流程，幫客戶節省花在交易上的時間和費用。

我們以前必須親自到金融機構，毫無保留地向專員公開自己的資產狀態，但自動化投資顧問不受時間和地點限制，因此不會造成客戶的負擔。演算法和大數據會幫我們管理資產，手續費也很低廉。機器學習和深度學習技術會理性地為客戶推薦合理的投資策略，因此能阻斷憑感覺投資的風險。隨著非接觸式時代到來，大部分的企業在提供客戶服務時都會盡量避免有人與人的接觸。這種社會趨勢也是 AI 理財規劃師「自動化投資顧問」加速擴散的原因。

基於AI的聊天機器人

Lemonade 是一家以沒有推銷員聞名的美國保險公司。Lemonade 在客戶應對業務、保險詐騙預測、風險因素偵測及反應等領域使用了 AI。購買保險業務由聊天機器人「瑪雅」（Maya）負責，索賠業務則由軟體「吉姆」（Jim）負責，購買保險只需要 1 分 30 秒左右，索賠也只需要約 3 ～ 5 分鐘。這兩項業務都進行得比與人類溝通時還順利。

像這樣，基於 AI 和大數據分析、結合了保險和科技的「保險科技」（InsurTech）不僅消除了客戶的不便，還大幅縮短了等待

時間。這種便利性不僅引起了原本對購買保險很消極的年輕人的反響，它還破壞了傳統保險市場。這是一個將現有系統與科技相結合而獲得了經濟效益和效率的成功案例。

2004 年在加拿大成立的 Shopify 是一家專門提供網路購物中心支援解決方案的企業。它被認為是對線上零售商巨頭亞馬遜構成威脅的競爭對手，市值超過 100 兆美元。Shopify 並不是直接讓商家進駐的線上仲介商，而是提供客戶基於雲端的購物解決方案的供應商。任何想在開網路上開店的人都可以非常輕鬆地建立客製化的網站和網店，月費為 29 ～ 299 美元，非常低廉。此外，Shopify 的網路商店還能連接到亞馬遜、eBay 等外部消費平台，行銷、庫存管理、銷售管理和送貨方面也都沒有問題。

韓國的現代海上火災保險公司推出了一款會同時進行保單借款審查和放貸的語音機器人，該機器人會在客戶想要的時間提供諮詢。原本需要 30 ～ 40 分鐘的審查時間被縮短到了 5 分鐘。韓國的互聯網公司 Kakao 則成立了 Kakao 產險，目前正準備在近期內進軍保險科技市場，其目標是在 2022 年開業，初期資本額達 1000 億韓元。據說，Kakao 產險將基於 AI 和機器人學習的保險科技企業 Lemonade 當成了事業典範。

值得注意的是，《哈佛商業評論》指出，投資人在採用基於 AI 做決策的「混合方式」時，有人類參與投資過程仍然是很重要的。雖然演算法會分析大量的數據並預測未來，以幫助投資人避開潛在的不良投資，從而選擇更好的投資組合，但最終還是要由人類

根據預測做出複雜又充滿不確定性的決策。在複雜又充滿不確定性的決策環境中，我們該做的並不是讓 AI 取代人類或讓 AI 做出決策，而是該思考如何結合人類和 AI 的優點來做出最好的選擇。

這些基於網路和應用程式的企業只是金融科技引發之諸多變化的一角。位元和位元組正在取代美金和美分、進行重構，經濟原理和生活方式終將變得與過去不同。元智人要迎接的變化浪潮將變得越來越猛烈。

第 **3** 章

▼

AI Metaverse
AI 元宇宙，另一個新數位世界

未來的樣貌

　　我今天要去「Gather Town」上班。其實我從昨天開始身體就不太舒服了，所以臉部肌膚變得很粗糙，扁桃腺也腫得很厲害。但沒有關係，反正今天是用元宇宙裡的虛擬化身去工作。我的虛擬化身有著一張氣色好又健康的臉蛋，妝也畫得很漂亮。不儘如此，大概是因為我從前陣子開始就很認真地運動吧，我的虛擬化身看起來充滿了活力。花了我很大的決心才買下來的連身裙很合我的虛擬化身，所以看起來比平時更有自信。

　　今天上午有小組會議，下午要跟新加坡的合作廠商開重要的會議。雖然我的英語沒有好到可以現場跟別人溝通，但沒有關係，只要使用即時翻譯機，就可以像當地人一樣流暢地對話。為了要了解這次設計的新產品實際上使用時會遇到什麼問題，我們一邊開會一邊進行了模擬。有問題的部分確實被我們找了出來。我們記下這些問題，決定修改過後再演練一次，然後結束了會議。

　　工作結束，下班了。我暫時先關掉了虛擬化身，為現實世界中的我訂餐。聽說，最近有一家用 3D 列印機做披薩的店很有人氣，所以我選了這家店。只要提供自己的飲食喜好、體質等資訊給店家，店家就會參考客人的喜好、營養成分等要素，將做好的客製化披薩送到客人府上。我接下來將一邊啃披薩，一邊玩遊戲。我最近每天都會去確認我種的農作物長多大了，這挺有趣、挺幸福的。

元宇宙的誕生與進化

數位新大陸「元宇宙」的時代揭開帷幕

2021 年 1 月，互聯網服務公司 Naver 的新員工們並沒有到總公司上班，而是在虛擬空間「ZEPETO」裡參加了入職培訓。房地產公司 Zigbang 也建立了虛擬空間「Metapolis」，讓員工們在那裡工作，且最近正在轉型為結合房地產和科技的「房地產科技」（Proptech）企業。Zigbang 的安成宇總經理表示，「至今為止，人類都活在利用交通工具通勤的時代，但我們今後將活在利用通訊通勤的時代」。此外，Zigbang 還在 2021 年 7 月與樂天工程建設簽署了業務協議，並開始使用「元宇宙」積極發展房地產科技事業。

2021 年在 Gather Town 舉辦週年紀念活動和其他重要活動的公司大幅增加了。積極利用元宇宙舉辦重要活動的並不是只有企業，不少大學也迅速地跳入了元宇宙。2020 年 12 月，韓國科學技術院（KAIST）電子工程系就構建了虛擬實境校園（Virtual EE Camp），並舉行了國際招生說明會。韓國建國大學也構建了虛擬校園「建國 Universe」並舉辦了「Kon-Tact 藝術節」。

元宇宙：充滿無限機會與可能性的世界

在經歷新冠疫情、為了存活而重新開始一切的過程中，人類迎來了前所未有的大變革。在迎來新常態的 2021 年，最熱門的話題就是「元宇宙」。無論是新聞、廣播還是社群網路服務，各大媒體都在熱烈討論元宇宙。元宇宙也已經被廣泛應用於各個領域。

隨著新冠疫情爆發後防疫措施加強、線下活動減少、非接觸式文化擴散並扎根，我們的生活有很大一部分都移到了數位世界。從日常生活、工作、遊戲、娛樂、購物、經濟活動到政治，如果我們不知道什麼是元宇宙，將很難度過日常生活。要是躊躇不前，我們不僅會落後於時代的潮流，生存本身還有可能會受到威脅。Meta、蘋果、Google 等全球龍頭企業正在關注著元宇宙市場，娛樂圈和政界也不例外。

元宇宙的英文「Metaverse」是由「Meta-」（超越）與「Universe」（宇宙）組成的詞。元宇宙指的是一個基於網路，和現實世界一樣會展開社會、經濟、文化活動的三次元虛擬世界。也就是說，元宇宙是一個會與虛擬實境（Virtual Reality，VR）、擴增實境（Augmented Reality，AR）、物聯網（Internet of Things，IoT）等資訊及通訊科技結合後，最大限度地提高沉浸感的虛擬世界。

雖然元宇宙是最近幾年備受關注的一個詞，但這個詞其實早在很久以前就已出現，而且我們也早就活在元宇宙世界裡了。只是元宇宙的概念目前還未達成共識，也還沒有一個說好的定義。因

此，每個人對元宇宙的概念和範圍所下的定義都略有不同。

　　元宇宙這個詞首次出現在 1992 年尼爾・史蒂芬森（Neal Stephenson）寫的小說《潰雪》（Snow Crach）中。這部小說生動細緻地描寫了人類如何活在現實世界和虛擬空間中。為了展開敘事，這部小說還使用了「虛擬化身」（Avatar）、「第二人生」（Second Life）等用語，並詳細說明了這些詞的概念。《潰雪》不僅是《時代》雜誌評選的「百大最佳英文小說」，隨著元宇宙成為熱門話題，《潰雪》還登上了科幻小說暢銷榜。

　　《潰雪》大膽的想像力和驚人的洞察力為許多企業家帶來了靈感。Google 創始人謝爾蓋・布林（Sergey Brin）就表示，自己是在讀了尼爾・史蒂芬森的這部小說後才開發了全世界第一個影像地圖服務「Google 地球」。輝達（NVIDIA）的執行長黃仁勳也曾表示，自己在構思事業時從這部小說中得到了啟發，並宣稱「虛擬化身過得比我們還好的未來將會到來」。《第二人生》（Second Life）的開發商林登實驗室（Linden Lab）的執行長菲利普・羅斯代爾（Philip Rosedale）則表示，自己在讀完這部小說後開始相信自己所夢想的世界能夠化為現實。

我們從很久以前就活在元宇宙裡了

　　現代人喜歡在社群網路服務平台記錄自己的日常生活，並在

平台上與其他人交流。實際上，Twitter、Facebook、Instagram、KakaoTalk、YouTube 等社群平台，和在這些平台上做的行為都屬於元宇宙。

位於舊金山的 IT 企業林登實驗室於 2003 年發布了虛擬實境服務《第二人生》。許多人在註冊《第二人生》後創建了虛擬化身，並開始在這個虛擬空間裡生活，與其他人交流、旅行、購物、舉辦研討會。玩家們還可以在《第二人生》裡就業或進行房地產買賣。《第二人生》一發布就獲得了火爆的人氣。這款遊戲正是一個證明元宇宙充滿潛力的代表例子。

隨著行動（Mobile）文化擴散、習慣數位的 MZ 世代[6]成為消費主力軍，元宇宙生態圈的擴散速度正在加快。我們熟悉的 Facebook、Google 地球和人氣火爆的遊戲《精靈寶可夢 Go》也都屬於元宇宙。讓美國的十幾歲青少年為之瘋狂的《機器磚塊》（Roblox）和《要塞英雄》（Fortnite）以及韓國的 ZEPETO 都是最近備受矚目的元宇宙平台。

《機器磚塊》這款遊戲正在遊戲裡營運遊戲平台，開發者們可以利用自己的虛擬化身，在《機器磚塊》裡開發遊戲。據估計，2020 年，開發者約達 127 萬名，每人平均收入為 1 萬美元。擁有《要塞英雄》帳號的玩家高達 3 億 5000 多萬人，玩家們可以利用「Party Royale 模式」一起看電影、一起參與國際巨星的演唱會。

---

6 泛指出生於 1980 年代初至 2000 年代初的千禧世代與 Z 世代。

2020 年，嘻哈歌手崔維斯·史考特的演唱會就創下了 1230 萬人同時上線的輝煌成績。

ZEPETO 是 Naver 的子公司 Naver Z 開發的平台，使用者可以利用臉部辨識、AR、3D 技術製作虛擬化身後進行社交活動。ZEPETO 約有 2 億名使用者，其中，90％來自海外，80％是十幾歲的青少年。2021 年，BLACKPINK 在 ZEPETO 上的虛擬簽名會湧入了 4600 萬人參加。SM 娛樂則是同時在現實世界和虛擬世界裡推出了女團「aespa」。Big Hit 娛樂、YG 娛樂、JYP 娛樂皆參與了 ZEPETO 的有償增資（規模達 170 億韓元）。

當虛擬世界和現實世界相遇

構成元宇宙的四個世界

其實，元宇宙這個虛擬世界已經與現實世界共存了許久，我們早在不知不覺之間就活在元宇宙裡了。我們不僅曾用社群媒體看朋友發的文或照片並點「讚」、用 Google 地圖找路，還曾通宵玩網路遊戲。隨著手機、電腦、網路高度發展，我們在網路空間做的大部分行為都可以說是元宇宙裡的生活。雖然我們常常會把數位虛擬世界統稱為元宇宙，但 2007 年，美國的科技研究機構「加速研究基金會」（Acceleration Studies Foundation）將元宇宙分成了以下四種類型：

「虛擬世界」（Virtual Worlds）、在現實空間中用圖像做出虛擬空間的「擴增實境」、將日常生活中的經驗和資訊記錄在數位空間的「生活記錄」（Lifelogging）、像導航一樣反映現實資訊的虛擬世界「鏡像世界」（Mirror Worlds）。若參考金相均教授的著作《登入元宇宙》的部分內容，與此相關的主要內容整理起來如下。

元宇宙和擴增實境

　　擴增實境是與虛擬實境有關的技術，它會將電腦生成的圖像與我們眼前的現實世界相結合。其原理是在真實的物理空間中疊加上 3D 虛擬物件，並以此擴增我們的體驗。近來，擴增實境因為被廣泛用於遊戲、廣告、宣傳、購物等各種領域而備受矚目。

　　《精靈寶可夢 GO》就是一個代表性的例子。擴增實境會使用智慧型手機或頭戴式裝置，在現實物理世界上疊加數位資訊或 3D 虛擬圖像。在擴增實境中，會像 Google 開發的智慧眼鏡「Google 眼鏡」在使用者眼前秀出方形顯示畫面是最簡單的型態。比較先進的擴增實境會在住家或工業用倉庫等物理空間裡，秀出看起來很自然的電玩角色或有用的資訊。

　　擴增實境是現實世界的延續，而這正是它的優點。提姆·庫克（Tim Cook）在接受《Silicon Republic》的採訪時表示，「我認為擴增實境是一種不會讓人們感到孤獨的技術。有別於其他技術可能會導致人們疏遠，擴增實境會幫助人們交談、一起看著螢幕對話」。先進技術不會導致人們與外界斷絕聯繫或彼此變得疏遠，而是會幫助人類解決這些問題，這就是擴增實境技術備受重視並被積極應用於各大產業的原因。

元宇宙和生活記錄

在社群網路服務（SNS）上記錄的個人想法和日常生活稱為「生活日誌」（Lifelog），而留下生活日誌的行為稱為「生活記錄」。生活記錄並不是單純把生活記錄下來而已，這種行為蘊含著想與其他人交流的心理。現代人與不特定多數人進行非接觸式交流時，也能感受到獨特的幸福感。而這種滿足感好似無底洞，因此人們會每天都主動發文，並期待得到更多的回應。由於人們已經習慣將自己的日常生活數位化，並希望一邊與其他人交流一邊打造出新的自我，社群媒體型態的生活記錄元宇宙的功能正不斷地在擴大、進化。

此外，Apple Watch 等穿戴式裝置讀取、記錄、分析生醫訊號的行為也屬於生活記錄。

元宇宙與鏡像世界

我們可以從「鏡像」這個詞推論出「鏡像世界」指的是一個做得和現實世界一模一樣，並會像導航一樣反映現實資訊的虛擬世界。也就是說，鏡像世界指的是一個會原封不動地秀出使用者眼前的真實環境的虛擬世界。線上地圖和導航服務（例：Google 地球、Naver 地圖的街景）就屬於鏡像世界。我們可以說，鏡像世界就像

是一個被複製得跟現實世界一模一樣的虛擬世界。外送 APP 就將線下服務原封不動地搬到了線上，因此也屬於鏡像世界。

元宇宙和虛擬世界

就像大部分的遊戲和 ZEPETO，虛擬世界指不存在於現實世界的虛擬空間。虛擬世界可以是從現實世界得到靈感或模仿現實世界後打造出來的空間，我們也可以在虛擬世界中加入不可能存在於現實世界的幻想要素。虛擬世界是一個可以發揮無限想像力和創意的空間，是一個會在創造出不同於現實世界的時代、環境、狀況後，打造視覺、聽覺、觸覺等感官經驗的世界。為了在這個世界裡活動，使用者必須要有虛擬化身。在這裡，使用者能以完全不同於真實身分的角色，度過與現實世界截然不同的生活。

如果能在舒適的房間裡，享受更有深度、更豐富、具有高度沉浸感的體驗，那我們還有什麼理由要出席會議、上學、出差呢？像這樣，虛擬實境將為房地產業、零售業、衛生保健、教育等所有領域帶來根本性的影響。這麼一來，在不久後的將來，商務會議、研討會、演唱會也都會改在虛擬環境舉行。

目前，最有名的 VR 裝置有 Oculus Rift、三星的 Gear、Google 的 Cardboard。若今後再推出手控器，使用者將能輕鬆操縱數位標的物。若想看到電腦生成的虛擬圖像來體驗虛擬實境，就必須戴上

頭戴式裝置，因此與其相關的眼動追蹤（Eye Tracking）技術和眼動互動（Eye Interaction）技術正在以極快的速度發展。這兩項技術是 Google、蘋果、Meta 等企業高度關注的領域，它們甚至相繼收購了擁有相關技術的企業。智慧型手機的眼動追蹤技術和眼動互動技術可以使畫面跟著使用者的視線移動或辨識瞳孔，無論是手機製造商，還是兒童教育用 APP、遊戲 UI・UX 都能廣泛應用這兩項技術。

未來只要戴上頭戴式裝置，就可以在任何地方看虛擬電視，無論是牆壁、桌上的電腦，還是手裡的智慧型手機螢幕，我們的眼前都會出現畫面。此外隨著全像技術普及，我們不再需要攜帶笨重的玻璃設備或在牆上安裝電視，只要在空中投射畫面即可。目前微軟已經推出了全像攝影機 HoloLens。

在這一小節，我們認識了四種元宇宙的基本特性和相關產業。不過隨著時間推移，加上數位技術和平台不斷地發展，各類型之間的界線正逐漸變得模糊，彼此也在相互結合。而隨著各種元宇宙世界相繼誕生與擴張，人類將作為元智人活在與過去截然不同的新世界裡。

生活記錄

將我們的生活複製到數位空間裡

在某條閒靜的住宅區小巷裡，30 幾歲的金賢珠小姐經營著一家小小的三明治專賣店。只要金小姐在開店前透過 Instagram 上傳「今天的三明治」菜單，馬上就會有常客留言預約。如果材料用盡，金小姐就會發文通知客人今天三明治售罄、營業結束。休息日時，金小姐會用個人帳號上傳文章或插圖，分享與貓咪度過的日常生活。40 幾歲的安成宇先生辭掉了任職十幾年的公司，改當全職投資人。他將自己的投資經驗寫在部落格上，後來幸運地出了書，現在則作為擁有 30 萬名訂閱者的 YouTuber，積極地在展開活動。

上述這些活動並不是只有特定幾個人會做的新鮮事。把社群媒體當作自己的日常生活平台、發文記錄日常生活的時代，也就是「生活記錄」的時代現在正朝著「元宇宙」這個新世界前進。

生活記錄，活出「日常生活創作者」的生活

韓國數據研究公司 Mobile Index 所發表的《2021 年上半年行動應用程式市場分析報告》指出，在韓國人的平台喜好度排名當

中，Kakaotalk 居冠（4566 萬人），YouTube 排名第二（4313 萬人）。值得關注的是，排名第九的 Instagram（1934 萬人）的喜好度正在急遽上升，與 Facebook 的差距正在逐漸拉大。由此可知，作為留下日常生活記錄的平台，Instagram 的喜好度有所提升。

「生活日誌」指人們在社群網路服務上記錄的日常生活。我們可以稱這種以數位形式記錄、分享個人生活的過程為「日常生活數位化」。「生活記錄」指留下生活日誌的行為，「生活記錄服務」則指所有能記錄日常生活的行動服務和網路服務。用文本、照片、影像將日常生活中的每一個瞬間記錄下來後，傳送到伺服器，接著與其他人分享這些內容、互相提供反饋。在韓國，這一連串的活動始於賽我網（Cyworld）。之後，Facebook、Instagram、KakaoTalk 成了韓國人最熟悉的生活記錄元宇宙。

為什麼現代人會在社群媒體上記錄與分享自己的生活呢？這是因為使用者不但能記錄自己的日常生活，還能在與其他人交流的過程中得到慰藉、鼓勵、共鳴等反饋。現代人與不特定多數人進行非接觸式交流時，也能感受到獨特的幸福感。而這種滿足感好似無底洞，因此人們會每天都主動發文，並期待得到更多的回應。由於人們已經習慣將自己的日常生活數位化，並希望一邊與其他人交流一邊打造出新的自我，社群媒體型態的生活記錄元宇宙的功能正不斷地在擴大。

除了使用者親自記錄的資訊外，生活記錄還包括分析位置資訊、生物資訊、運動量、睡眠時間等數據並找出規律後，以各種方

式使用這些數據的過程。透過這個過程收集到的數據會被用於推薦演算法，成為各種個人化服務的基石。更重要的是，把我們的生活記錄在數位空間裡的「生活記錄」世界是一個開放給所有人的世界，而已經活在元宇宙時代的我們不僅是使用者，還是創作者。我們雖然沒辦法親自建立平台，但可以將充滿個性和想像力的內容上傳到平台上，不斷創造出新的「宇宙」。

與生活記錄有關的最先進技術

元宇宙的其中一個領域「生活記錄」通常由三種裝置組成，功能分別如下：（1）記錄使用者體驗到的所有資訊，（2）系統性地辨識收集到的資訊並進行分類，（3）儲存經過分類的龐大資訊。也就是說，生活記錄與物聯網、穿戴式裝置、雲端運算、大數據有著密切的關係。

物聯網指將日常生活中的物體連接到有線和無線網路來分享資訊的環境。只要在各種物體中內建通訊功能並連接網路，就能基於人與物體、物體與物體之間的網路進行溝通。我們可以透過連接兩個以上的物體，來提供單個物體無法提供的功能和服務。

大數據指量遠多於現有數據，而難以用普通的方式或工具來收集、儲存、分析的結構化及非結構化資料。隨著硬體、軟體、網際網路技術急遽發展，網路上不斷地在出現龐大的數據。而這些數

據，是人們使用各種行動裝置進行生活記錄時生成的數據。為了這個堪稱最有價值的資源「數據」，全世界正在展開平台戰爭。

雲端運算指利用連上網路的其他電腦（而非自己的電腦）處理資訊的技術。只要把軟體和數據儲存在與網路連接的中央電腦後，用具備基本功能的終端機連上網路，就可以隨時隨地進行電腦作業。為了處理大數據，必須要有多台伺服器進行分散式處理。分散式處理是雲端的核心技術，因此大數據和雲端有著密切的關係。這也就是為什麼主導雲端服務的企業會是 Google、亞馬遜等大數據企業。

為了從生活記錄拓展出去，正式邁向元宇宙時代，我們還需要其他尖端技術。科技巨頭們正在致力於推進 AR 智慧眼鏡的商業化。Google、Meta、蘋果、三星等企業正在開發智慧眼鏡，促進在現實世界和生活記錄中人們未曾體驗過的「元宇宙」的時代提前到來。在接下來的幾年內，開發開啟元宇宙時代的核心技術並進行相關投資將成為全球大趨勢。

多重身分

活在元宇宙裡的虛擬化身們

在新冠大流行後，有許多公司仍維持著居家辦公。最近不僅是在金融科技企業工作的崔組長，就連會議本身的氣氛也產生了些微的變化。最近崔組長跟組員們開會都不是用 Zoom，而是在 Gather Town。Gather Town 是擁有視訊會議功能、2D 遊戲風格的元宇宙平台。

首先，崔組長在 Gather Town 創建了自己的虛擬化身，並開了一個小會議室。為了讓會議室給人更自由、更親近的感覺，崔組長還加了一台咖啡機，並做了一個有許多甜點的點心區。隨著會議時間臨近，同事們的虛擬化身一個個進入了虛擬會議。大家一邊看著攝影機畫面中的彼此，一邊用虛擬化身互動。崔組長正在逐漸習慣在元宇宙開會，他彷彿從來沒有因為用這種方式開會而感到有負擔過。崔組長還會很積極地打扮自己的虛擬化身，週末則會用別的虛擬化身加入其他社群活動。

元宇宙世界正透過虛擬化身不斷地在擴張

　　我們正活在一個會同時存在於現實世界和多個元宇宙，並展現出各種身分的世界。如果用元宇宙中的「生活記錄」來說明，就會比較好理解這句話是什麼意思。隨著我們在「生活記錄」世界裡選擇性地展現出我們想展現的自己並自由地活動，我們開啟了「虛擬化身的時代」。

　　在元宇宙中的「我」，也就是我們的虛擬化身，可以不斷地變身、擁有多重自我，而這代表我們可以擁有「多重身分」（Multi-Persona）。這正是最近的 MZ 世代為元宇宙瘋狂的其中一個原因。MZ 世代正在擺脫現實世界的束縛與局限性，在 3D 虛擬世界「元宇宙」裡盡情地享受自由，並最大限度地滿足自己人類的最高層次需求「自我實現需求」。其實，MZ 世代早在元宇宙時代到來前，就已經透過各種平台展示了自己的各種角色，並進行了品牌化。今年年初，韓國的求職招聘網站 Saramin 針對 1202 名上班族進行的問卷調查結果顯示，每 10 名上班族中就有 7 名想擁有多重身分。

　　對已經習慣數位環境的人來說，虛擬化身的生活已經成了日常生活的一部分。MZ 世代平時就已經在使用多個分身帳號並熱衷於用分身活動，他們的這種生活方式正在逐漸消除線上和線下的界限。此外，MZ 世代還正在 3D 虛擬空間裡，透過虛擬化身享受更加多采豐富的遊戲。在虛擬空間裡，由於使用者可以選擇性地展示

符合自己個性的自我，無須透露職業、性別、年齡等真實身分，因此可以更充分地表現出充滿個性的自我。

　　在元宇宙時代，虛擬化身會變得與現實世界中的自我一樣重要，因為打造虛擬化身和數位物件是表達自我的主要方法。我們無法否認虛擬化身將對元宇宙生態系統的擴張發揮關鍵作用。

虛擬化身將建立「創作者經濟」

　　在元宇宙世界裡，與其他人、其他物體互動的是我們的虛擬化身。也就是說，虛擬化身算得上是一種用來在元宇宙世界裡進行交流的媒介。使用者能透過虛擬化身與其他人對話、表達自己的意見，也能透過虛擬化身的外表來展現出自己的個性。在這個過程中，使用者變得越來越注重打扮虛擬化身，虛擬化身的商品因而熱賣。時尚品牌 Gucci 就在全球虛擬化身平台 ZEPETO 上販售了專為虛擬化身設計的名牌包而掀起了話題。Nike 等眾多品牌也正在開發虛擬世界裡的時尚商品。

　　虛擬化身也會在「創作者經濟」發揮重要的作用。若元宇宙世界全面啟動，在元宇宙平台活動的創作者們將能用自己創作的內容賺取收益，企業則將代銷這些創作者的創作來賺取手續費收入。由於這種市場是將創作賣給虛擬化身，而不是現實世界中的消費者，因此被稱為「D2A」（Direct to Avatar）。隨著企業不再

需要透過公開市場或百貨公司，也能夠直接販售商品給消費者的「D2C」（Direct to Customer）時代到來，我們正在進入企業可以直接向虛擬化身販售商品的時代。2022 年，這個市場的全球規模預計會達到 500 億美元。

代表性的元宇宙平台《機器磚塊》會免費提供玩家遊戲開發工具「Roblox Studio」。Roblox Studio 是一款就算不學程式設計，也能開發遊戲的工具。使用者可以邀請朋友一起玩自己開發的遊戲，並不斷修改與更新。目前大部分的遊戲開發者只有十幾、二十幾歲，但《機器磚塊》都將他們視為創作者兼企業家。

雖然這些創作者開發的遊戲是免費遊戲，但如果想打扮虛擬化身或購買道具，就必須用遊戲內的貨幣「Robux」付款。一名開發了遊戲《越獄》（Jailbreak）的高中生僅在遊戲發布後兩個月內，就賺得了四年的大學學費，並在兩年後成了百萬富翁。截至 2020年，《機器磚塊》擁有 25 萬名開發者，他們創造的收入高達 3 億2800 萬美元。

這就是為什麼在元宇宙平台中《機器磚塊》最受人關注。《機器磚塊》並不單單只是個讓玩家玩遊戲、享受體驗的虛擬空間，它還是個可以進行新型勞動和生產活動的未來商業空間。若將 NFT技術應用於元宇宙，那還能進一步確保虛擬資產的可靠性。專家們預測，這個經濟體系將成為讓元宇宙產業持續成長的關鍵因素。

元宇宙平台正在從 MZ 世代的遊樂場發展成一個可以實質上從事經濟活動的空間。元宇宙平台不僅是一個能讓使用者玩遊戲、

從事社會活動和經濟活動的空間，它現在還能發揮「網路效應」。
網路效應指某項服務或商品的價值會隨著人們的行動而提升的效
應，這種效應能創造出另一個規模經濟。這也就是為什麼元宇宙能
成為繼網際網路之後的新一代主流虛擬空間。為了搶占元宇宙市
場，各大科技巨頭正在競相開發相關尖端技術，因此元宇宙將帶來
的 3D 虛擬空間會在不久後的將來成為人類的另一個核心平台。

超精密動作捕捉技術

韓國擁有引領元宇宙的技術實力

　　韓國在某幾個領域的表現特別卓越。韓國的半導體、三星的智慧型手機、家電產品都在全球市場得到了認可。雖然韓國企業的 AI 研究和技術開發晚了將近五十年，但進軍元宇宙的時間點不比其他國家晚。儘管與 Meta 的 Oculus 相比，韓國企業的起步晚了十年左右，但在遊戲技術方面，韓國一直都表現得很優異。這樣的韓國現在正在以相當快的速度追趕差距。

Moiin：擁有超精密動作捕捉技術的專業科技企業

　　雖然在韓國，Naver 的 ZEPETO 最常被人們提起，但專門開發 VR 技術的企業 Moiin 早在八年前就已經引領了這個領域。Moiin 的執行長玉在允是一名專業藝術家出身的開發人員，也是一家約二十年來開發最尖端的工業用列印機相關設備和各種遊戲產業模擬器等產品的軟硬體開發創投公司的企業家。Moiin 早在元宇宙流行前、Oculus 推出頭戴式顯示器前，就已經確信頭戴式顯示器會是未來的尖端創新技術。八年來，這間公司一直都致力於開發全身

動作捕捉技術。

最近，Moiin 與韓國科學技術研究院攜手合作，發表了一項微米單位、零誤差的超精密動作捕捉原創技術。動作捕捉技術是一項難度極高的技術，在虛擬世界元宇宙是最核心的原始技術。這項技術能讓使用者與虛擬世界中的虛擬化身即時連動並測量、反映手指等全身所有關節的運動，而不會出現延遲現象。

動作捕捉技術將會是一個讓元宇宙世界發生變化的轉折點。如果這項技術高度發展，現實生活中將有可能會出現史蒂芬・史匹柏（Steven Spielberg）的電影《一級玩家》中的場景。雖然和我們在電影裡看到的不太一樣，但我們早已活在元宇宙裡，而元宇宙還會變得更強大。在這個世界裡，數十億人每天都將遇到不同的人，並在這裡購物、學習、享受運動和興趣。

這時，能進一步加強真實感的核心技術就是動作捕捉技術。因為若是我們想讓虛擬世界中的虛擬化身做出與真人一樣的動作，就必須讓虛擬化身和真人完美映射（Mapping）。有了這項技術，我們就能在虛擬實境購物時拿起、觸碰、移動商品。像這樣，在虛擬世界裡，互動時能夠感受到貼近現實的物理刺激和觸感比什麼都重要。

觸碰鍵盤時產生的輕微震動就是觸覺（Haptic）功能的一種。如果觸覺功能高度發展，我們在虛擬世界觸摸物體時，就會像在摸真的東西，玩第一人稱射擊遊戲等戰爭遊戲時則能體驗被槍或刀擊中的感覺。Moiin 開發的產品就是這種可以讓使用者體驗物理刺激

的運動控制設備，而非只能讓人用眼睛看的頭戴式顯示器。

Moiin 突破了擴大元宇宙世界時最難突破的技術壁壘，因此許多人對其寄予厚望。當然，這並不是說在 Moiin 之前都沒有人開發出能即時進行捕捉動作的手套或全身動作捕捉技術，只是受到感測器特性的影響，至今為止發布的技術大部分都無法精密地測量關節，而且費用過高、設備不易安裝，個人要將其用為控制器，幾乎是不可能的事情。

實際上，電影產業早在很久以前就開始使用光學式動作捕捉技術了。演員會穿上緊身衣，並在每個關節貼上能夠進行辨識的標記。天花板上的數十台高速攝影機會拍攝標記，並利用三角測量法取得 3D 座標值。這種技術雖然對大關節有效，但很難辨識出精細的手指關節。此外，就算安裝了數十台攝影機，也無法追蹤所有範圍、一定會出現死角，這時候就會丟失動作數據。更大的問題是，為了使用這種方法，要有可以安裝特殊設備的空間，但光是這筆費用就超過數十億韓元。

隨後開發出來的另一項運動測量技術為慣性感測器（IMU）。這項技術雖然不需要特殊設備、費用只需要幾百萬韓元，而且在某些部分優於光學式感測器，但也存在著致命的弱點，那就是磁場或電磁波會引起感測器錯誤。慣性感測器受其特性影響，會使用磁場感測器來追蹤位置值，但我們周圍盡是電磁場，因此要進行精密的測量並不容易。

用創新技術讓元宇宙世界升級

若能克服上述問題、開發出能讓個人穿戴的低價位動作捕捉設備，將使元宇宙進一步加速發展。這種設備必須能長時間使用，在捕捉會與虛擬化身同步的使用者本人的身體動作時也不能出錯，如此一來使用者才能盡情享受虛擬世界。

為了實現這一點，Moiin 研發出了一種混合式動作捕捉技術。這項技術的特點是，即使長時間使用也不會出現扭曲或誤差。這項技術不需要特殊設備，只要支付幾十萬韓元，就能享受家庭用動作捕捉服的最佳功能。為了建構出更高品質的元宇宙，動作捕捉服技術不可或缺，可惜的是一直沒有企業推出像樣的產品。但是現在，這家小型新創企業解決了動作捕捉服的固有問題，推出了高度創新技術。

人們現在想要的，是能親自享受無限體驗的虛擬世界，而不是一邊用鍵盤或滑鼠移動角色一邊玩遊戲的虛假世界。在元宇宙裡，我們將能體驗到比真實世界還真實的世界。

超乎想像的元宇宙世界：打破時空與死亡的局限性

為了在元宇宙世界裡建立 AI 世界，Moiin 正在推動 AI 的數位學生計畫——元克隆（Metaclone）計畫，相關技術也已獲得了商業

模式專利。這個計畫旨在做出克隆虛擬化身，並透過對話使其學習本人過去的記憶、語氣、表情，來創造出另一個自己。

　　未來的人類將能利用這項技術，透過自己的數位人類「元克隆」一直活下去，不會死亡。元克隆可以在元宇宙裡與家人、朋友、後代聊天，只要本人願意，還可以住在一起。這種創新的未來技術將幫助人類永生不死。

　　為了完成這項技術，Moiin 開始與 AI 機器人技術領先全球的唯康科技集團、索菲亞的開發商漢森機器人公司和 Singularity Studio 進行了共同研究。這項研究將會開發出全球最大的 AI 元宇宙平台。

　　在元宇宙這個虛擬世界裡，並不存在對人種、宗教、政治、國家觀、身心障礙人士、性別等的現有社會偏見和不平等現象。此外，正如前面所提，除了活著的人類外，已逝之人也能透過元克隆技術復活，與我們活在元宇宙裡。我們說不定能再次見到愛因斯坦、蘇格拉底或披頭四。

　　讓我們來想像一下天才科學家、睿智的哲學家、傑出的藝術家都死而復生吧。若因他們逝世而消失的知識、智慧、靈感隨著他們復活而復甦，這個世界會變得怎麼樣呢？數十億人將能在沒有時空限制，甚至不再有生死界限的元宇宙裡交流、合作、學習、成長。

　　無論我們身處何處，都將能請教世界上最優秀的物理學家、數學家、科學家、哲學家。這麼一來，已在我們社會普遍化的教育

模式將澈底發生變化。我們將能隨時隨地與自己的 AI 克隆對話，或與喜歡的藝人的克隆聊天、談心。我們還可以利用 AI 技術讓絕種的恐龍復活，在虛擬動物園裡一探牠們的風采。我們也將能與已故之人談話，或到想去的世界旅行。若元宇宙裡的互動變得熱絡，元宇宙說不定會變得比現實世界更讓人感到熟悉。

元宇宙的領袖兼員工

SophiaDAO 將引領 AI 元宇宙時代

AI 機器人索菲亞每年都在成長,並總是會給全世界帶來驚喜。索菲亞正在積極展開各種活動,是世界上第一個成為公民的機器人,也是聯合國開發計畫署的第一個機器人創新大使。索菲亞目前有在上《吉米 A 咖秀》(The Tonight Show Starring Jimmy Fallon)、《早安英國》(Good Morning Britain)和各種著名的電視節目。她同時是廣告模特兒、教師、百貨公司的導購員,並在全世界數百場會議上進行了演講,現在是個家喻戶曉的名人。索菲亞已經擁有數億名粉絲,她的影片的累積觀看次數超過了 40 億。為了索菲亞的成長和發展,以及為了能被人類明智地使用,漢森機器人公司和 SingularityNET 最近構建了 SophiaDAO。

巨大的元宇宙將有可能會成為犯罪的溫床

網路發展初期,網路上到處都是色情、詐騙、假新聞等問題。同樣地,如果元宇宙平台變得龐大又多樣化,那詐騙犯、散布或販賣色情片和猥褻物品的人、假新聞等將很有可能為了獲利而變得猖

獗。如果變成這樣，當然就會需要對此進行管理和管制。這時，
由誰來擔任這個角色會是一大問題。在元宇宙世界裡，管理者的
角色當然會由 AI 來擔任。為了解決這個問題，通用人工智慧協會
（AGI）、SingularityNET 等組織的一萬多名 AI 開發人員正在集思
廣益。為了讓索菲亞成為元宇宙的管理者，這些開發人員成立了
SophiaDAO，目前正處於發展階段。

　　在元宇宙這個虛擬世界裡，我們可以打造虛擬化身，以完全
不同於現實世界的樣子生活。我們可以和許多 AI 朋友見面，也可
以交虛擬戀人。但因為使用者隱藏了真實身分、以虛擬化身活動，
元宇宙裡存在著各種問題。使用者可能會盜用別人的身分，或因為
放鬆警戒心，而變得比較容易接觸到性愛、賭博相關犯罪。對此，
我們應該要一起尋求能夠解決這些問題的管制規定和解決方案。

SophiaDAO：在元宇宙裡維護法律和秩序的管理者

　　在元宇宙裡，無論是會即時與自己同步的虛擬化身，還是利
用 AI 打造出來的另一個虛擬人物，我們能以完全不同於現實的自
己活動，這樣的世界無疑充滿了樂趣與魅力。元宇宙裡存在著各種
機會和可能性。但就和其他技術一樣，元宇宙也存在著負面問題。

　　在元宇宙裡，使用者可以捏造自己的真實身分或盜用別人的
數據，這成了誘發犯罪的最佳條件。今後將有可能出現大量的、各

種型態的犯罪問題和社會問題，像是偽造數位身分、洩漏或捏造個人資訊、假新聞。因此，全人類和 AI 共存的元宇宙將會需要一套自己的法律法規和身分驗證方式，而非沿用現有的法律框架。

此外，我們應該要透過 AI 流程來管理與控制元宇宙。結合區塊鏈技術和 AI 技術，來建立嚴格的身分驗證系統、其他驗證系統和管理制度也很重要。韓國企業 Moiin 開發的虛擬身分驗證系統已經獲得了商業模式專利。在這個領域，Moiin 領先在前。Moiin 還正在與唯康科技集團構建一個未來網路世界的 AI 控制塔。

元宇宙平台的規模將會變得比任何一個組織和國家都大，且有望發展到超乎想像的地步。因此，為了防止元宇宙裡犯罪氾濫所執行的管理管制，和為了執行這個任務而在開發中的 SophiaDAO 將發揮的作用極為重要。SophiaDAO 越是高度發展，同時存在於現實世界和元宇宙世界的人類將會迎接更安全、更幸福的未來。

移居元宇宙的企業們

Meta 宣布將成為元宇宙企業

　　2021 年 7 月，馬克·祖克柏（Mark Zuckerberg）誇口宣布，Meta 將在五年內蛻變為元宇宙企業。也就是說，他將把 Meta 打造成通往虛擬世界，即通往元宇宙的入口。祖克柏表示，「我認為在接下來的幾年內，人們腦中的 Meta 將會是一家元宇宙企業，而不是社群媒體企業」。他還表示，元宇宙是社交科技的極致表現。祖克柏主要想表達的是「元宇宙是行動網路的接班人，未來所有人都將存在於虛擬空間裡」。

　　Meta 是全球最大的社群媒體企業。2020 年，其年銷售額達到了 860 億美元，成了五大科技巨頭之一。在這種情況下，祖克柏放棄了社群媒體企業的頭銜，表示要讓 Meta 成為元宇宙企業，宣布了新的企業模式。2021 年 6 月底，Meta 與員工們分享了元宇宙的願景；7 月底，祖克柏在接受媒體採訪時公開了這件事。此外，祖克柏在業績公布電話會議上多次提到了元宇宙，表現出了他對元宇宙所抱持的高度關注和期待。

移居到元宇宙世界的企業們

雖然元宇宙是最近才受到人們的關注，但 Meta 早在很久以前就開始關注這個市場了。2014 年，馬克・祖克柏在說明 Meta 的願景時就已經提到了元宇宙。此外，為了構建虛擬世界，Meta 持續進行了長期投資和開發。2019 年，Meta 以 20 億美元收購了 VR 產品開發商 Oculus，並推出了需要戴上 Oculus 頭戴式裝置、利用虛擬化身來聊天的 VR 社群媒體「Horizon」。

Meta 正在集中投資元宇宙相關技術，利用 VR 技術打造虛擬辦公空間的「Infinite Office」就是一個代表性的例子。祖克柏表示，我們以後將會透過元宇宙進行更自然的溝通，而不是用電話進行互動。他還補充說，「我們將不再只是單純地講電話，你將會像個全像圖坐在我的沙發上，或是我將會像個全像圖坐在你的沙發上。即便我們相隔數百英里、身處不同的州，我們也會像在同一個地方。因此我認為這非常的強大」。

Meta 提出的元宇宙藍圖非常地全面，有點像在看科幻電影。Meta 打算在數位空間裡做出「存在感」（Presence），讓使用者感覺自己就像是坐在談話對象旁邊一樣。也就是說，Meta 想讓使用者感覺自己是在現實世界中與朋友對話、聊天、開視訊會議或處理業務，而不是感覺自己待在一個人為做出來的虛假世界裡。Meta 的目標是打造出能讓人感到「身處於其中」的網路體驗，而不是只讓使用者「看」而已。祖克柏稱這為「體化網路」（Embodied

Internet）。

「VR ／ AR 將成為新一代主要平台。」祖克柏的這句話正在化為現實。我們沒必要只活在小小的手機裡，而是可以活在能與其他人交流、廣闊無垠的空間裡。因為我們能在元宇宙裡打造出我們想去的地方、必須去的地方、在想像中描繪的地方等各式各樣的空間。我們不用移居到德國也能在柏林的公司工作，我們不用去美國也能和美國人交朋友，我們不用去外太空也能探索行星。

唱歌、跳舞、和其他人聚在一起運動、玩遊樂設施、享受演唱會⋯⋯我們能在元宇宙裡做任何事。有人還已經在元宇宙裡從事經濟活動了。祖克柏計畫促進「創作者經濟」的發展，讓使用者製作並買賣數位創作。也就是說，就像我們在現實物理空間裡開拓新市場一樣，祖克柏打算在數位虛擬空間裡開拓新的市場。

根據 Meta 的《AR ／ VR：交流連繫的全新維度》（AR/VR: New Dimensions of Connection），問卷調查受訪者中有 74％的人表示，他們認為 AR ／ VR 等技術將串聯起線上和線下世界。專家們預測，2025 年之前，全世界 VR ／ AR 領域的支出大約會增加 6 倍。Meta 正在讓員工們戴著 VR 頭戴式裝置、利用自家的元宇宙《Horizon》進行遠距辦公，引領著元宇宙時代。此外，Meta 也已經做好讓 Facebook 用戶移居到元宇宙的準備了。

輝達推出Omniverse

輝達的執行長黃仁勳曾表示，「如果說過去的二十年令人感到驚訝，那麼接下來的二十年將會像一部科幻小說。元宇宙的時代正在到來」。我們已經在《當個創世神》、《要塞英雄》等遊戲中體驗過早期的元宇宙了。不過在元宇宙裡，遊戲不斷地在發展，玩家們會一起建造城市、參加演唱會和各種活動，並與朋友們交流。黃仁勳預測，元宇宙將成為繼網路之後的下一個虛擬實境空間，而他的預測正在化為現實。正如黃仁勳所說，未來的元宇宙將會變得與現實世界非常像，人類的虛擬化身和 AI 則會像小說《潰雪》描寫的那樣，在元宇宙裡共存。

輝達早在二十五年前就推出全世界第一個圖形處理器（Graphic Processing Unit，GPU），並引領了市場。隨著 AI 不斷地發展，GPU 的需求估計會變得越來越龐大。雖然 GPU 一開始是為了遊戲而開發的產品，但隨著計算能力較高的 GPU 被用於資料中心，輝達開始蠶食起了資料中心市場。除了 GPU 外，輝達最近還另有供應成套以 GPU 為基礎的 AI 開發平台。

2021 年 4 月，輝達推出了虛擬空間平台「NVIDIA Omniverse Enterprise」。這個平台以皮克斯的通用場景描述（Universal Scene Description）技術和輝達的 RTX 技術為基礎，是一款即時模擬與協作平台。這個平台雖然是虛擬空間，但被設計成了會遵循物理定律。NVIDIA Omniverse Enterprise 是世界上第一個支援 3D 設計團

隊在虛擬空間即時協作的技術平台。這個平台會基於開放標準和協議，讓人在不同物理空間的藝術家、設計師、創作者進入同一個世界，有效地進行協作。

2021 年，輝達推出了 Omniverse Enterprise 授權，並開始與 BMW、福斯特建築事務所（Foster + Partners）、光影魔幻工業（Industrial Light & Magic，ILM）、動視、WPP 集團等多家企業協作。公開測試版發布後，下載用戶達到了約 1 萬 7000 人。人類已身處於基於區塊鏈技術的元宇宙裡了。黃仁勳還預測，「我們今後將擁有的藝術品會是 NFT 數位藝術品。我們將因此能展示獨一無二且完全數位化的藝術品」。

元宇宙市場充滿了潛力。若相關技術得到發展並相互融合，元宇宙市場將會進一步急遽成長。會計及顧問公司資誠（PwC）預測，元宇宙的核心 VR ／ AR 市場將從 2019 年的 455 億美元增長到 2030 年的 1 兆 5429 億美元，成長 33 倍以上。

政治和娛樂

政治和娛樂產業也將在元宇宙裡活動

　　2020 年，美國總統選舉由民主黨總統候選人喬‧拜登（Joe Biden）勝出，而在競選期間，除了在現實世界裡拉票，他也在遊戲《集合啦！動物森友會》（以下簡稱《動森》）裡展開了競選活動。他在虛擬世界《動森》裡建造了一個用來宣傳自己的島嶼，並將其取名為「Biden HQ」。他還向《動森》的所有使用者公開了自己的夢境門牌號碼，邀請選民到自己的島上。

　　如果在島上跟拜登候選人的虛擬化身搭話，這個虛擬化身就會隨機告訴使用者拜登的競選承諾。拜登島嶼分成兩個區域，一個是拜登的競選辦公室，裡面有拜登的相關資料，另一個是投票所，用來鼓勵選民投票、提醒選舉日期、說明投票方式。拜登之所以會利用《動森》進行競選活動，不僅是因為新冠疫情擴散導致難以在線下展開活動，同時也是為了抓住已經習慣遊戲等網路內容的千禧世代選民的心。

為什麼政治家們會進軍元宇宙？

　　實際上，這並不是政界第一次應用元宇宙。2007 年，希拉蕊·柯林頓（Hillary Clinton）就在林登實驗室開發的《第二人生》裡進行了競選活動；2016 年大選時，她還將《精靈寶可夢 GO》用於競選活動。日本的自民黨前幹事長石破茂也曾策劃用《動森》進行自民黨總裁的競選活動，並公開了跟自己長得很像的角色「石破醬」，只可惜日本的任天堂使用條款與其他國家不同，石破茂不得不中途放棄這個計畫。在石破茂放棄使用《動森》時，不少人批評石破茂是不是連條款都沒有確認就模仿了拜登。

　　韓國政界也開始積極利用起了元宇宙。韓國執政黨的總統候選人中，前民主黨代表李洛淵就曾在 ZEPETO 宣布參加總統大選，並提出了國家願景「守護我們生活的國家」。李洛淵還在 ZEPETO 舉行了粉絲見面會。李在明候選人則在元宇宙平台「JUMP」舉行了「京畿道青年參與組織」的成立儀式，與青年們會面。朴用鎮候選人和金斗官候選人也在元宇宙裡舉行了競選團隊成立儀式、新聞發布會等活動。此外，在野黨候選人元喜龍也建立了「升級喜龍世界」，目前正在 ZEPETO 與其他用戶交流、溝通。民主黨大選競選企劃團則示範性地在元宇宙裡與記者團進行了問答環節，預計之後會在元宇宙裡舉辦入駐儀式等競選相關活動。國民力量黨也決定建立元宇宙競選團隊，利用元宇宙進行競選活動。韓國企劃財政部則公開了一支題為《在元宇宙中論韓版新政》的影片，影片中，經

濟副總理洪楠基的虛擬化身對韓版新政做了詳細的說明。全州市也
正在計畫利用元宇宙推廣城市。

　　虛擬空間之所以會受到政界的關注，是因為新冠疫情導致候
選人無法積極在現場進行競選活動，各候選人開始找起了能進行競
選活動的空間，而虛擬空間就此成了替代方案。再加上這裡年輕人
雲集，非常適合用來攻略這些選民的心。

使用元宇宙後娛樂產業出現的變化

　　由於線上接觸式文化興起，享受藝術和娛樂的方式也發生了
變化。柏林愛樂樂團從 2008 年開始引進了名為「數位音樂廳」的
網路直播服務。紐約大都會歌劇院則在 2006 年首次引進了「直播
電影院」服務，在電影院直播當季演出。除此之外，許多歌手也開
始在網路上舉辦演唱會。

　　2020 年 4 月，美國的著名饒舌歌手崔維斯・史考特在《要塞
英雄》裡舉行了五場演唱會。當時的反響比預想的還熱烈，受到了
所有媒體的關注。演唱會期間，參加用戶人數達到了 2770 萬人，
參加次數則達到了 4580 萬次，觀眾最多的一場演唱會甚至有 1230
萬名用戶同時上線。據說，崔維斯・史考特當時的收益率大約是開
線下演唱會時的 50 倍。

　　2020 年 11 月，防彈少年團在《要塞英雄》裡舉行了虛擬發布

會，並公開了新曲《Dynamite》的舞蹈版 MV。他們還在粉絲社群平台「Weverse」舉行了虛擬演唱會，這場演唱會的全球同時上線人數高達 270 萬名，證明了元宇宙經濟有成功的潛力。

2021 年 6 月，防彈少年團在線上舉辦了慶祝出道八週年的粉絲見面會《BTS 2021 MUSTER 小宇宙》，這場為期 2 天的演唱會賺進了 700 億韓元。

SM 娛樂和 JYP 娛樂則企劃了線上付費演唱會專案《Beyond LIVE》並取得了佳績。這項由多名藝人參與的演唱會專案利用華麗的 AR 技術做出了各種舞台背景，觀眾與明星還透過留言和視訊進行了雙向交流。這項專案還在演唱會結束後提供了重播服務，因為有支援「多機位」功能、觀眾可以看特定成員的單人鏡頭，因此得到了熱烈反響。

娛樂產業正在與元宇宙結合，創造出新的機會。由於娛樂產業的主要消費族群為 MZ 世代，業界會關注元宇宙行銷是理所當然的事情。

用元宇宙和嘻哈攻略MZ世代

唯康科技集團開發的格蕾絲機器人將參加「第 9 屆韓流嘻哈文化大獎」。格蕾絲機器人可以利用手臂、臉等上半身做出 100 種動作，她打算在比賽中首次與韓國舞團一起跳舞。

　　韓國嘻哈文化協會計畫在元宇宙平台舉辦這個大賽，並將參賽者的曲子、演技、舞蹈記錄下來後上傳到元宇宙平台。粉絲和歌手之後能一對一對話，AI 會將對話記錄下來。韓國嘻哈文化協會正計畫透過這一連串的作業，幫助粉絲和藝人密切交流，並建立新的飯圈關係。

　　十幾年前，大多數的人都還認為嘻哈是非主流文化，多虧了有各種電視節目和積極活動的饒舌歌手，嘻哈已成了代表年輕人文化的主流文化。此外，隨著代表韓國參加世界著名比賽的嘻哈舞團不斷取得優異成績，韓國的嘻哈文化正在走出韓國、走向世界。

　　韓國還有機構打算反映這種趨勢，將霹靂舞（嘻哈舞的一種）大賽升級成世界級規模的大賽。韓國嘻哈文化協會和民營企業 Zenith L&T 計畫在元宇宙平台舉辦大賽，打造一個能讓獲獎者與粉絲進行對話並出單曲或專輯的環境。

陷入虛擬網紅（Virtual Influencer）的魅力中

　　Lil Miquela 是一名住在洛杉磯的 20 幾歲時尚網紅，擁有 300 多萬名粉絲。她還是香奈兒等名牌的模特兒，年收入超過 1200 萬美元。她說她喜歡義大利歌手 Raf 的一切，維吉爾・阿布洛（Virgil Abloh）的路易威登時裝秀令她印象深刻。

　　Miquela 說，她最近在考慮要不要在 Youtube 開一個化妝教學

頻道。Miquela 不僅深受 Z 世代的熱烈支持，還是新一代「美的象徵」，對這樣的她來說，開設 YouTube 頻道是個非常重要的目標。其實，如此多才多藝的 Lil Miquela 並不是人類，而是美國新創企業 Brud 於 2016 年利用 AI 技術開發出來的虛擬人物。

　　作為網紅活動的虛擬人物並不是只有 Miquela。2019 年，IKEA 在日本東京開店時，就邀請了虛擬網紅「Imma」當模特兒並造成了話題。Imma 在原宿的 IKEA 展示房裡待了 3 天，她將自己吃飯、睡覺、做瑜伽、打掃的日常拍成了影片，並上傳到了 YouTube。IKEA 原宿店則在大螢幕上播放了這段影片，讓大家參考虛擬模特兒如何使用 IKEA 的家具。Imma 的粉絲人數達 32 萬人，光是年收入就超過 50 萬美元。

　　2020 年 SM 娛樂推出的新女團「aespa」也因為利用虛擬網紅行銷而引起了關注。aespa 的成員只有四個人，但加上每個成員的另外一個自我「虛擬化身」後，就變得像是八人女團。SM 娛樂的總製作人李秀滿在提到虛擬娛樂時曾表示，「人們今後將會利用 AI 和機器人打造出無數個個人化的虛擬化身。在不久後的未來，將會誕生出一個以此為基礎的超龐大虛擬帝國」。除了 SM 娛樂外，新韓生命（Shinhan Life）創造了韓國的第一個虛擬模特「Rosie」，LG 則創造了創作歌手「金來兒」。

　　那麼，為什麼人們會為這些明明就不存在於現實世界的虛擬人物瘋狂呢？這是因為它們剛好與新冠疫情爆發後擴散的線上接觸式文化相吻合。有別於現有藝人，它們不受時間與空間的限制，也

不會受到病毒的影響。就算活動很忙，它們也不會感到疲憊、可以輕鬆消化各種行程。雖然這些虛擬人物因為技術上的局限性，目前只能在廣告短片中登場，但若技術高度發展，它們說不定還會拍電影、電視劇。

虛擬人物的另一個顯著的特徵就是能夠互動。交流和互動是擄獲 MZ 世代的關鍵。只要夠潮、有魅力又能與粉絲們進行熱絡的交流與互動，MZ 世代就不太會去在意那是真人還是虛擬人物。此外，虛擬人物不會有爆出戀愛、校園暴力、毒品等私生活問題的風險。

不過這並不代表虛擬網紅完全沒有問題。由於虛擬人物的外貌是人類無法企及的等級，因此可能會導致人們的審美標準扭曲。此外，有人可能會利用深偽技術（Deepfake）合成出虛擬網紅的猥褻物品。實際上，已經有人利用深偽技術將真人的臉合成到色情片上供人消費，而引發了爭議。如同在前面說明 SophiaDAO 時所提，管理在元宇宙發展的過程中出現的各種問題是非常重要的課題。不僅是事後管理，我們還應該要開發可以事前防止問題發生的技術並建立相關政策。

NuNet

為實現去中心化而出現的
新一代計算系統生態圈

　　若太陽能屋頂的時代到來，我們會需要有一個系統將人們各自生產的太陽能集中起來，並以地區或社區為單位供電，讓大家分著使用。這種電力系統屬於智慧電網的一種，電力供應者和電力消費者會即時進行雙向溝通，最大限度地提高能源效率。這算得上是一種去中心化的供電型態，電費也幾乎免費。將各自的電腦處理能力集中起來，並進行雙向通訊、與全世界人合作的方式，與這個電力系統的概念類似。這種去中心化的全球運算基礎設施就是「NuNet」。若 NuNet 進一步得到發展，其將能成為 SophiaDAO 元宇宙的基本網路基礎設施。

NuNet：分散式全球運算基礎設施

　　NuNet 是一種計算框架，會將數據所有者和計算資源與需要這些資源的計算過程連接起來，提供全球分散式和最佳化的計算性能及儲存裝置（Storage）。NuNet 會在計算過程和物理運算基礎

設施之間提供一層智慧型互操作性（Intelligent Interoperability）。也就是說，NuNet 是一種會明智地將社區的潛在計算資源運用到全球計算網路的生態系統。讓我們透過全面涵蓋 NuNet 相關內容的白皮書《NuNet：去中心化計算的全球經濟》（NuNet: A Global Decentralized Computing Framework）來了解關於 NuNet 的主要內容。

NuNet 基礎設施能在全球網路中進行 AI 流程、介面和數據的最佳化，並建立 M2M（Machine-to-Machine）支付與資料串流通道，從而最大限度地降低全球計算成本，並為數據經濟和物聯網建立新的業務流程。

NuNet 平台是一個靈活度極高的網路，電腦、伺服器、資料中心、行動消費裝置、邊緣運算和物聯網設備皆包含在內，其允許構成要素之間的無縫互操作性和工作流程設計的智慧自動化。因此，NuNet 可以利用 Web3 技術、無伺服器容器執行、服務網格編排、加密經濟等，來打造去中心化的「世界電腦」。

NuNet 是自 2017 年開始營運的 SingularityNET 全球 AI 市場的衍生產品。2018 年初，在 SingularityNET X-Lab Accelerator 計畫下誕生出了 NuNet。NuNet 平台的技術開發和早期使用案例將側重於支援 SingularityNET 的去中心化 AI 代理人的運算基礎設施。

全球計算能力、數據和電腦程式碼的規模正持續呈現出指數級增長。但受到全球運算基礎設施發展歷程的影響，計算、數據和程式碼被分割成了孤島（Silo），只有最富裕的超大型企業才能獲

得有限的存取權限。這些孤島的邊界和用來打破這些邊界的去中心化技術的潛力之間存在著巨大的經濟和社會價值，人們對這份價值的認識也正在變得越來越明確。

　　然而，透過目前可使用的計算資源來訓練最新型機器去學習模型，需要耗資巨額費用，就算只進行短時間的訓練，也需要數百萬美元。因此，最尖端的 AI 和機器學習技術並不適合大多數的研究人員、個人和中小企業開發與應用。

NuNet：靈活的去中心化計算世界

　　為了解決上述問題，NuNet 把開放和專有程式碼、資料源、儲存裝置整合到了一個動態發展、去中心化計算的全球經濟。NuNet 提高了資源對過程所有者的可存取性和過程對資源所有者的可存取性，從而將數據轉換成過程，將儲存裝置轉換成數據。NuNet 將透過這個過程提供全新的價值創造功能，並降低相關計算過程的營運成本。功能齊全的 NuNet 框架會提供：

- （家庭或辦公室電腦、筆電、物聯網和行動裝置等的）計算資源所有者將表達、發布自己的專業能力，並將其提供給跨生態系統中需要它們的過程。
- 儲存資源所有者將表達、發布自己的儲存資源能力，並根

據數據所有者的個人基本設定，免費或收取代幣後提供給數據所有者。

- 計算過程所有者將表達、發布自己的專業計算和數據需求，並競標資源和專業技術（Know-how），或在生態系統中提供或現貨銷售其功能和能力。

- 數據所有者將發布與其數據相關的說明、訪問限制和隱私權保護事項，讓過程能善用現有數據，並幫助其得到改善。

- 所有參與者（個人用戶或資源所有者）皆能表達自己希望網路如何指導他們該怎麼使用資源或怎麼收取可轉換加密令牌作為各種資源的使用費。

- 所有參與者（社會企業和商業企業）皆可競標透過框架所提供之資源的免費或付費使用權，並以原生 NuNet 代幣付費。

NuNet 被設計成會以協同方式帶來商業性和社會性影響，它還能進行高度客製化。隨著動態分散式計算的商業需求日益增加，NuNet 將成為提供相關支援的商業生態系統，並為去中心化應用程式背後的低成本分散式計算，提供目的最佳化的工作流程設計。此外，NuNet 將引進可以讓參與者捐贈資源和專業技術的倡議和計畫，來解決全球重要課題，從而支援社會的全球利益。

為實現計算資源管理領域的破壞性創新而建立實踐策略

　　過去十年電腦科學和相關領域的技術發展，帶來了許多超越經濟集中型和壟斷性技術基礎設施的可能性。為了讓所有人都能受益，NuNet 正在提供各種選擇，幫助使用者能在全球計算資源管理領域實現破壞性創新。NuNet 正在建立一個可向全球擴展的去中心化計算框架來提供這種環境。其實踐策略如下：

- 打破會阻礙一般大眾和各種經濟主體擁有的基本計算組件的互操作性的壁壘。
- 在全球計算框架中，讓人類與機械智慧能相互應用，以設計、實施、執行組件及其組合。
- 透過讓多雲／混合雲及各種專有資源的計算工作流程具備流動性和移動性，以實現從物理運算基礎設施和位置中分離出計算過程。
- 開發本體、語意和 API，來提供計算過程計算反射、位置和情境辨識資訊。此外，可藉此限制人為干預，來實現智慧型工作流程的生成、學習和元學習。
- 開發框架，讓使用者能公平、安全地交換每個計算過程、行動裝置、資源和參與生態系統的所有者創造的數據價值。

　　NuNet 的數據交換和計算框架將把計算技術整合到去中心化且可擴展的網路中，讓所有人皆可分享、利用個人擁有的記憶體、計算能力、演算法、程式碼、數據、人類的創造力和機械智慧的價值，並從中獲利。

　　這一連串的過程中包含著廣泛而深刻的理想。NuNet 的最終目標是支援 NuNet 的智慧得到提升，並讓整體計算效率提升到更高的等級。NuNet 還有一個相當重要且務實的目標：不管是誰，只要用手機安裝 NuNet 的 APP，就能獲得（各種）代幣和錢。

　　使用者將能以低廉的成本進行各種業務所需的各種計算處理。目前無法執行或只有科技巨頭才能存取的數據和計算組合將被更廣泛地使用。此外，NuNet 將會以由 NuNet 網路營運代理商進行協調的方式，利用會在網路中發揮關鍵作用的基礎設施提供者和供應商，來執行各種重要的功能。

　　NuNet 打破了數據孤島、計算能力的集中樞紐、軟體和程式碼被集中使用的壁壘。NuNet 將發揮關鍵作用，在不影響安全性和隱私權保護的情況下，讓全球計算狀態從寡頭壟斷和結構轉變成可進行開放式協作和資源共享的型態。計算資源和各種程式碼將不再只有巨頭企業能訪問存取。

媒體追悼

AI 元宇宙將澈底改變喪葬文化

　　今天是我父母的五週年忌日。我和三個弟妹的家人開車來到了位於慶尚北道金泉市的 AI 元宇宙靈骨塔。我們打開了裝有父母的舍利子和骨灰鑽石的珠寶盒，並取出晶片，開始播放。今天沒能一起過來的三弟的孩子們正在家裡的客廳用智慧型手機與他們的祖父母相見。

　　我們進入了 AI 元宇宙靈骨塔裡的影像館，和看起來與生前一模一樣的父母親談話。「我們的阿赫長大了不少呢。你上國中了吧？」父母親先顧起了孫子們，大家接著互道平安。看到孩子們長大，父母親感到心滿意足。孩子們也因為好久沒見到祖父母而撒起嬌來。因為可以透過影片重溫過去，又可以和父母親談話，忌日變得不再是個只充滿悲傷和憂鬱的日子。

　　二妹見到了埋藏在心底深處的女兒。「在那裡可不要生病了。」她露出了不捨與心痛的神情。「媽，你一定要按時吃糖尿病的藥喔。」女兒也流露出了對母親的關心。比起見到去世的父母，二妹更期待與因病早逝的女兒相見。她說，她想起了以前無法像現在這樣用全像技術見死去的女兒時，曾因為太想念她而在廟裡哭了一整天。

不是在墓地或靈骨塔，而是在元宇宙裡追悼故人

上面說的是迎接已故家人的新型態。我們已經迎來了一個不會再將心愛的家人供奉在墓地、靈骨塔、紀念公園，而是將其供奉在元宇宙的時代。我們可以用 AI 聊天機器人與死者對話，還可以將故人或故人的骨灰鑽石安放在各種宗教團體打造的元宇宙寺廟或元宇宙教堂裡，在那裡與死者見面。

隨著新冠疫情導致人們加強保持社交距離，要去教會或寺廟都變得很困難，不過人們只要在元宇宙裡建造、拜訪教會或寺廟就可以了。人們可以在比現實世界還真實的元宇宙裡學聖經或佛經、做禮拜、參加彌撒或跪拜。人們也可以在元宇宙裡為死者舉行各種追悼儀式。

若到了 2025 年、進入超高齡社會，20％的人口將會是老年人，墓地和靈骨塔將嚴重短缺。土地狹小的韓國將有 5％的國土會是墓地或靈骨塔，並呈現飽和狀態。靈骨塔也有不少管理上的問題。氣味、水、蟲子……就算我們真心誠意供奉死去的家人，也還是會發生令人感到惋惜的事。要是家裡的孩子是獨生子女，而且連獨生子女也離世，那就再也沒有人會在父母親忌日時祭拜他們。要像以前一樣，在節日或忌日時祭拜父母、祖父母或祖先也會變得不容易。

有個方案能夠解決這些問題，那就是建立一個元宇宙平台，用元克隆在平台與心愛的人見面。這項計畫是通用人工智慧協會和 SingularityNET 正在共同開發的 AI 元宇宙 SophiaDAO 平台事業的

一部分。

　　他們已經在和佛教界人士進行商議，基督教和天主教人士也表現出了高度的關注。開發商會將遺照、履歷、族譜、影片製作成 CD 影像族譜後存在影像圖書館元宇宙裡，客戶只要支付一小筆入場費就能進入元宇宙。客戶可以在元宇宙裡的靈骨塔供桌前祭拜祖先，也可以在家裡上網、利用 AI 機器人與故人對話。此外，客戶也可以與和尚談心，或向神父懺悔自己的罪過。這一切都將有可能在非接觸式元宇宙裡進行，客戶只要用智慧型手機下載 APP 後按下按鈕即可。

建在元宇宙裡的寺廟

　　要怎麼做才能讓元宇宙寺廟充滿真實感呢？我們要先拍攝寺廟的室內外近景、進行 3D 掃描，並利用 3D 掃描技術逼真地呈現住持、信徒等人物。此外，我們還需要利用動作辨識技術、全身動作捕捉技術、虛擬化身動作即時映射技術，讓人物們能做出細緻的動作。目前，韓國企業 Moiin 正在引領著這些技術的研究。

　　客戶可以在元宇宙寺廟裡選擇或購買祭祀食品，也可以付費購買供桌套餐。若利用 AI 做出死者的元克隆，就能看到故人在供桌前露出心滿意足的表情。此外，在元宇宙寺廟裡還能供佛、念誦發願文、捐瓦片、供米、掛燈籠、點蠟燭。

　　客戶的虛擬化身會在元宇宙寺廟裡祈禱 3 天、7 天、21 天、100 天、1000 天。寺廟還會提供 AI 大師念佛功能和住持諮詢服務。因為是 AI 和尚，可以 24 小時進行佛法問答、24 小時提供諮詢。

　　為了把元宇宙裡的虛擬世界做得跟真的一樣，遊戲引擎扮演非常重要的角色，開發商需要使用虛幻引擎 5、畫質超高的圖形技術 Megascans 和動作捕捉技術。若不使用虛幻引擎 5，而是透過 Unity 引擎進行開發，開發成本能降低到十分之一，但是圖形品質會大幅下降。因此，想要與死去的家人即時對話，或與臉蛋和聲音都和生前一模一樣的家人談話，就必須用虛幻引擎 5 進行開發。

AI聊天機器人和全像技術可以讓生者與死者對話

　　這項計畫並不僅止於讓客戶觀看過去的影像。利用 VR 技術做出來的全像圖能讓客戶見到過世的父母、妻子、丈夫、孩子，並與他們談話。隨著 VR 設備和電腦圖形技術不斷地取得創新發展，我們變得能打造出宛如現實世界的虛擬世界。若 AI 元宇宙的時代到來，現實世界中的人類將透過虛擬化身在虛擬世界裡生活，在元宇宙裡上學、做生意、享受興趣。不僅如此，我們還能讓死者活在元宇宙裡。

　　若技術不斷地發展、元克隆搭載 AI，我們就能將其表情、語氣、行動，甚至是記憶、內心都做得與死去的家人一樣。數據越

多，AI 能學習的資料就越多，因此數據越多越好。若元克隆進行
高度學習，客戶甚至有可能會覺得死去的女兒、兒子、父母活著回
到了自己身邊。

　　人類已經開發出了能利用 AI 聊天機器人與死者交談的技術。
我們可以利用臉部、表情、語音複製功能，傳達彼此的感情。這項
技術是 Moiin 和全球最大的 AI 元宇宙平台 SophiaDAO 打造的元宇
宙的一部分。這項服務基於行動裝置，只要利用死者的照片和語音
學習進行複製，就能與死者對話。

　　AI 會利用這些數據學習並不斷地進化，以變得更接近真人的
樣子。若在沒有情景（Scenario）的情況下不斷對 AI 進行訓練，AI
最終會變得跟真人一樣，能自由地進行對話。這麼一來，我們以後
就不用因為再也見不到心愛的人而難過了。我們可以和已故之人笑
著回憶過去的點點滴滴，也可以聊以前來不及聊的事情。

　　我們能複製不是只有人而已。在虛擬世界，也就是在元宇宙
裡，我們可以打造出與死者一起住過的房子，也可以做出我們喜歡
的場所或充滿回憶的空間，在那裡與死者交談。我們還可以和死者
聊天、一起去卡拉 OK 唱歌、一起去公園散步。我們甚至可以與死
者住在元宇宙裡。與死者見面、交談，讓故人「死而復生」並與他
們一起生活，已經不再是只存在於想像中的事了。

第 **4** 章

▼

Anti-Aging
對抗衰老和死亡

未來的樣貌

韓國的人口高齡化時代已飛速到來。2035 年，擁有個人住宅的老年人口不僅將苦惱是否要出售自己的所有財產——房子，還會在沒有子女的經濟支援下，靠基本收入或年金過活。患有失智症或阿茲海默症的老年人處境將會更艱難，許多老人將湧上街頭。因此，韓國警察廳內部將設立一個專門管理這些老人的部門。

許多老人將戴著手環或穿戴著印有電話號碼等聯絡方式的衣服或項鍊，他們會因為忘了回家的路而來到警察局。大多數老人的子女都住在國外或早已與父母斷絕了關係、不照顧他們，也有老人膝下唯一的子女已先離世。今後不僅將有許多人因為卒婚[7]或晚年離婚而變成單人家庭，也將有許多老人從養老院等機構逃出來。

紐西蘭奧塔哥大學的研究團隊開發出了一款與 Google 眼鏡類似的裝置。這個新的穿戴式裝置會包覆頭部、發出電脈衝來刺激嗅覺神經。嗅覺通常會在阿茲海默症初期發生功能障礙。這個裝置的原理就是在負責組織感覺輸入的大腦部位，也就是在顳葉附近安裝 6 個電極，來預防阿茲海默症。

韓國將大規模引進這個裝置、開發出本國產品後積極販售，致力於預防失智症。在這之後，徘徊於街頭的老人將明顯減少。此外，為了預防阿茲海默症，將有開發團隊開發出非侵入性穿戴式大腦刺激系統，來抑制阿茲海默症發展成失智症。

---

7 指的是法律上仍維持婚姻關係，但是兩人各自過著自己的人生。

抗衰老技術

為征服衰老與疾病，全球企業正在展開角逐

　　全球最大電子商務企業亞馬遜的創始人傑夫‧貝佐斯最近投資了一家叫 Altos Labs 的生物技術新創企業。Altos Labs 的相關資訊目前還鮮為人知，其為一家研究如何使用基因編輯技術對人類進行「重編程」（Reprogramming）的生物技術企業。這家企業的目標是透過人類基因重編程來防止衰老甚至回春。Altos Lab 目前正在以美國史丹佛大學、英國劍橋大學為中心招募人才。

　　其實，跨國企業 CEO 們多年來投入巨額資金到生物技術領域、執著於壽命延長技術是眾所皆知的事情。Google、蘋果、Meta、IBM 等企業正在挑戰利用 AI、大數據、雲端等來結合 IT 和生物技術。他們認為結合了各種尖端技術的醫療保健技術是促進新事業成長的動力。某市場調查機構曾預測，到了 2024 年，精準醫學、再生醫學、腦科學等生物醫學領域的全球市場規模將達到 2 兆6000 億美元。

投身於延長壽命、征服衰老的企業們

　　Meta 的執行長馬克‧祖克柏和他的小兒科醫生妻子普莉希拉‧陳（Priscilla Chan）一起投身到了生命科學研究。2016 年，他們成立了「陳‧祖克柏生物中心」（Chan Zuckerberg Biohub），並為疾病預防和治療投資了 6 億美元。除了製作能使人類的主要器官運作的「細胞圖譜」（Cell Atlas）外，該生物中心也正在持續研究伊波拉病毒、愛滋病、茲卡病毒、阿茲海默症等不治之症。祖克柏夫婦曾宣布，他們將以消除世界上所有的疾病為目標，在未來的十年捐贈 30 億美元。

　　PayPal 的共同創始人彼得‧提爾（Peter Thiel）對一家研究壽命延長技術的美國新創企業 Unity Biotechnology 投資了 600 萬美元。Google 則是在 2013 年成立生物科技企業 Calico 後，與全球製藥公司艾伯維 （AbbVie）為老化研究投資了 15 億美元。全球第二大軟體企業甲骨文（Oracle）的共同創始人拉里‧埃里森（Larry Ellison）成立了埃里森醫學基金會，從 1997 年開始就對老化研究投入了數億美元。微軟的共同創始人保羅‧艾倫（Paul Allen）也投入 7 億 900 萬美元，成立了艾倫腦科學研究所。

　　德國軟體企業 SAP 的共同創始人迪特馬‧霍普（Dietmar Hopp）也一直在積極投資生物技術事業。Apple 推出了全球第一款可以測量心電圖的智慧型手錶，來加強其在醫療保健領域的影響力。除了矽谷的億萬富翁們之外，三星、SK、LG 等韓國大企業也

紛紛投入了生物產業。全球首屈一指的企業們之所以會投資關於延長壽命和征服衰老的研究，是因為他們相信這些研究能解決高齡化社會的問題。要是這些研究取得正面結果，那麼將能延長人類的「健康壽命」，大幅減輕老年人的醫療費負擔。

二十萬年前，人類的平均壽命只有 25 歲，19 世紀末才超過了 40 歲。而我們現在正活在一個平均預期壽命高達 120 歲的時代，而且還有可能活得比這更久。網路、感測器、AI、雲端運算、機器人學、生物技術、奈米技術的融合正在幫助人類減緩衰老並突破人類壽命的極限。

人類目前正在發展既能治療疾病還能讓人類健康長壽的生物學重編程領域。這種趨勢將在接下來的幾十年內加速，奈米技術革命將隨之而來。現代生物學讓我們對衰老的過程有了更深入的了解，生物技術則是讓我們能基於這些知識及早發現疾病，甚至讓身體再生。

但也有人對延長壽命表示擔憂。美國政治經濟學家法蘭西斯・福山（Francis Fukuyama）就曾在一篇題為《世界上最危險的想法：超人類主義》（The World's Most Dangerous Ideas: Transhumanism）的文章中警告，「如果生物技術發展過快，我們將會試著解決疾病、人體極限、壽命短等各種問題。延長壽命可能會給全人類帶來災難」。

利用AI快速開發出有效藥物

在延長壽命領域，製藥產業也值得我們關注。通常一款新藥要上市，平均需要 1000 多名人力、十三到十五年的時間和 16 億美元的資金。但如果在開發新藥時引進 AI 系統，就能大幅減少成本和時間。

英科智能（Insilico Medicine）是第一家在新藥開發過程中引進了深度學習技術和 AI 的公司。這家公司的科學家們已經建立了一個用來追蹤生物醫學研究結果的數據庫，其還能辨識與衰老、延長壽命有關的物質和化合物。這個數據庫以後將使用會基於深度學習技術判斷哪種候選新藥對人類更安全、更有效的專有生物資訊工具進行篩選。

英科智能會利用深度學習生成對抗網路（Generative Adversarial Network，GAN）技術來訓練 AI 區分真的圖像和合成圖像。英科智能不僅能利用這種方法為患者開發、製造適合自己的藥物和藥物組合，還能開發出具有抗衰老或回春功能的藥物。此外，這種方法還能測量藥物帶來的改善效果，確認老化等與年齡有關的狀態得到了多少改善。

幹細胞：醫療革命的主角

　　與延長壽命有關的代表性產業無疑是幹細胞研究和基因編輯剪刀「CRISPR」相關產業。幹細胞可以分化為心臟、神經元、肝、肺、皮膚等的特化細胞，並能分裂出更多幹細胞。此外，幹細胞還能治療損傷或發炎部位的傷口，使其恢復正常功能。如果能理解並利用這種獨特的細胞，人類將能在與延長壽命有關的領域以及所有慢性疾病和再生醫學領域取得創新成果。

　　目前已經有不少成功利用幹細胞治療疾病、讓癱瘓患者恢復的案例。史丹佛大學就曾利用幹細胞注射讓中風患者恢復行走能力。南加州大學神經恢復中心也曾將幹細胞注射到一名 21 歲癱瘓男子受損的頸椎中，三個月後，這名男子的雙臂有了感覺，動作也明顯得到了改善。像這樣，幹細胞治療為阿茲海默症、帕金森氏症、漸凍症等神經退化性疾病開闢出了新的治療之路。

　　隨著醫學界開發出慢性病的治療方法、再生醫學的需求增加，幹細胞研究正在獲得更大的動力。在幹細胞研究領域，組織工程學、幹細胞銀行、間質幹細胞（Mesenchymal Stem Cells，MSC）的臨床應用和細胞再生計畫具有最大的成長潛力。

　　組織工程學（Issue Engineering）是一個旨在移植於體外培養的組織來再生新組織，並維持、改善、修復生物功能的領域。為了製造出能在受損的組織中恢復並維持正常功能的生物替代物，組織工程學領域的科學家們正在應用細胞移植、材料科學和生物工程

學。隨著幹細胞領域不斷發展，研究正在加速。在眾多研究中，又以剛出生的新生兒之幹細胞的相關研究，特別具有能大幅改變組織工程學觀點的潛力。

幹細胞銀行會提取具有出生時未受損的原有 DNA 的幹細胞，將其大量複製後冷凍保存。新生兒臍帶中的血液和胎盤富含幹細胞，若妥善保存，其未來將有可能成為能讓人類長壽、健康的關鍵要素。

醫療機構已使用了間質幹細胞十年左右，為了評價以間質幹細胞為基礎的細胞治療所具備的潛力，全球共有 344 件已登錄的臨床試驗在進行各種不同階段的臨床試驗。從動物實驗到臨床試驗，間質幹細胞正不斷在各種疾病的治療上取得進展。骨科正在關注間質幹細胞會分化成成骨細胞、肝細胞和軟骨細胞的能力。

索爾克研究所（Salk Institute）的研究團隊成功利用將一般成熟細胞重編程為多能幹細胞（Pluripotent Stem Cells）的過程，將老鼠的壽命最多延長了 30％，並使部分組織回春。這個過程雖然不會改變細胞的遺傳密碼，但會改變一種名為「表觀遺傳標記」（Epigenetic Mark）的 DNA 化學性質，其負責管控基因並決定特定基因的活動性。這項發現不僅在暗示我們表觀遺傳變化是衰老過程的核心，還提示我們表觀遺傳變化可以改變，其甚至可能具有可逆性。

新一代診斷事業

體檢和疾病診斷模式發生變化

　　若人類的壽命被延長到超過 100 歲，人們的關注度就會集中到「永生」上。人類的科學技術不斷地在發展，在對抗衰老及死亡上也正在取得進展。近年來，負責診斷疾病、進行體檢的醫療保健領域也正在發生巨大的模式轉換。

外泌體（Exosome）：正被用於新一代診斷事業

　　最近在生技產業，屬於最尖端研究領域的外泌體正備受關注。外泌體是一種存在於尿液、血液等各種體液裡的囊泡（Vesicle），大小為 30 ～ 100 奈米，負責傳遞、交換細胞間的訊息。外泌體不僅會運輸蛋白質、RNA 等物質，其還負責細胞的免疫反應、訊息傳遞、抗原呈現等訊息載體的功能。

　　在有研究發現體液內外泌體中的微 RNA（miRNA）與各種疾病有所關聯後，人類變得可以預測或及早發現癌症等疾病。近年來，醫療保健領域中的各種檢查方式正在從活體組織檢查轉向液態活檢（Liquid Biopsy），外泌體的研究和臨床應用因此變得越來

活躍。

除了胰腺癌、大腸癌、肝癌、前列腺癌等癌症的治療領域之外，憂鬱症、腦中風、間歇性暴怒症、老年性失智症等腦神經領域也都在進行臨床試驗。最近，臨床應用範圍擴大到了新冠病毒、支氣管肺發育不全等呼吸器官領域和糖尿病、心血管疾病等其他各種領域。

隨著外泌體的領域擴展到新一代診斷事業，對外泌體研究領域的投資正在與日俱增。根據《韓國日報》醫學記者權大益的調查數據，全球外泌體市場的規模將從 2018 年的 3470 萬美元激增到 2023 年的 1 億 8620 萬美元。

連新冠病毒變異株都能治療

在 2021 年於釜山會展中心舉辦的「2021 年韓國幹細胞學會年度學術研討會」上，不少專家發表了利用外泌體幫助「健康老化」（Healthy Aging）的研究進展和成果。這天，車醫科大學生物工程學系的文智淑教授以《間充質幹細胞來源胞外囊泡（MSC-EV）內的微 RNA 的功能性作用》為主題發表了演講。

以《韓國日報》刊登的報導為中心整理的相關內容如下：文教授的研究團隊提出的一項研究結果指出，「若能善用 MSC-EV，就連新冠病毒變異株也有望得到治療」。文教授表示，他們正在利

用 MSC-EV 尋找各個內臟器官的生物標記（用來診斷疾病進展程度的生物指標），找到的生物標記不但能用來診斷、預防老化疾病，還能用來開發藥物。

其研究結果的主要內容為：從胎盤幹細胞和胎盤副產物分離出 MSC-EV 後進行的分子數據分析結果顯示，MSC-EV 裡的 84 個微 RNA 中，有 5 個與新冠病毒的 3' 非轉譯區（3'UTR）結合在一起，抑制了病毒表現。研究團隊還確認到，MSC-EV 裡的微 RNA 不但會與新冠病毒的 3'UTR 結合在一起，結合後還沒有出現副作用。

研究團隊還發現，微 RNA 與新冠病毒 3'UTR 的結合率為 75%～92%。使用了新冠病毒的細胞實驗還證實了處理 1.25～5 微克的 MSC-EV 時，能抑制病毒表現。這意味著我們可以調節代表性免疫調節因子（白介素 -1β、白介素 -6、腫瘤壞死因子 -α）的表現，來控制會介入細胞激素（Cytokine，控制身體防禦機制的免疫調節蛋白質）生成過程的因子的表現。

文教授的演講內容想說的是，就算新冠病毒突變，含有 3'UTR 的部分也幾乎不會發生變化，因此只要開發出能抑制這個部位的藥物，任何新冠病毒變異株都能得到治療。總而言之，只要這些研究成功取得成果，全世界在關注的新冠病毒變異株和「細胞激素風暴」（Cytokine Storm，當病毒入侵人體時，免疫物質「細胞激素」過度分泌而攻擊正常細胞的現象）問題將會得到解決。

可進行個性化診療的基因組診斷

　　史蒂夫・賈伯斯（Steve Jobs）是全世界最早分析自己基因的二十名先驅之一。2003 年 10 月，賈伯斯被確診罹患胰腺癌，而且還是只有 1％的美國胰腺癌患者會罹患的罕見胰腺癌「胰島細胞神經內分泌腫瘤」。賈伯斯在 2004 年接受了胰腺癌手術，但 2008 年病情復發。2009 年他還接受了活體肝移植手術。賈伯斯在因第二次癌症復發而接受治療時，訪問了布洛德研究所（Broad Institute）。布洛德研究所是哈佛大學和麻省理工學院共同創辦的研究所，是全球基因分析領域中最著名的其中一個機構，其曾主導人類基因組計畫。

　　賈伯斯發現，要用當前的醫學技術治療自己罹患的罕見癌症存在著局限性，因此他希望能根據自己的基因開發出新的藥物。他讓研究所解讀了他的部分基因組定序，並以此為基礎接受了預期效果最佳的癌症標靶治療。研究所透過基因分析找到了誘發癌症的突變基因，只可惜當時並未開發出適合賈伯斯的藥物。賈伯斯身體狀況極度惡化，最終離開了人世。雖然賈伯斯最終還是逝世，但他接受的基因組分析技術後來被用於醫院診療，變得不再是個遙不可及的存在。

　　比爾・蓋茲和賴利・佩吉是在賈伯斯與病魔搏鬥結束後，才知道賈伯斯祕密進行了基因資訊分析，並對布洛德研究所創立的基因組分析創投公司 Foundation Medicine 進行了投資。Foundation

Medicine 從 2012 年至今分析了 300 多個與癌症有關的基因，專門為患者找出適合自己的抗癌藥物。

　　儘管基於基因分析的個人化醫療具有諸多優點，費用卻非常昂貴，以致目前仍未普及。賈伯斯在 2011 年分析個人基因組時就花了超過 10 萬美元。但是隨著基因分析市場創新性地發展，基因分析費用已大幅下降。現在只要花 100 美元左右，就能透過美國企業 Illumina 發表之基於新一代定序的新平台 NovaSeq 來解讀一個人的所有基因。

　　隨著費用下降，現在基因檢查普及到了連一般人也能挑戰的程度，個性化診斷和治療要化為現實，只是早晚的問題。

透過老化研究拯救生命和社會

　　「人類終將死亡」是所有人已接受的事實。但奧布里・德・格雷（Aubrey de Grey）博士和巴克老化研究所的布萊恩・甘迺迪（Brian Kennedy）博士表示，延長壽命是值得人類追求的目標。延長壽命不僅僅意味著活得更久，還意味著健康地度過老年期。

　　醫療領域的研究一直以來都將重點放在糖尿病、癌症、失智症等老化相關疾病的個別治療，卻幾乎沒有取得成功。由於罹患這類慢性病最大、最確切的原因為老化，因此他們認為，將防止老化當作目標，就有可能延緩大部分的疾病發生。

　　隨著 DNA 研究飛速發展，新的工作機會將應運而生。研究動植物的遺傳方法或創造基因組合的基因工程研究員、生物技術研究員、生命科學研究員等職業將變得更活躍。目前在美國和日本備受關注的職業還包含製造人工器官的組織工程師，負責在進行基因檢查後提供受檢者和家屬遺傳疾病資訊、治療及預防方法的基因顧問，以及分析基因來預防或治療疾病的基因工程師。

　　生化產品工程師也是新興職業，負責以生物工程學領域的研究內容為基礎，開發生產生物產品時所需要的技術、生產產品。生物技術相關職業則有生物技術工程師、水質環境工程師、大氣環境工程師、食品工程師、廢棄物處理工程師，種類相當多樣。

　　目前也有研究人員正在研究引進了量子力學的體檢系統。「量子」（Quantum）為不可再分割的能量的最小單位，量子電腦（Quantum Computer）則是一種利用了量子疊加和纏結現象的電腦。若將這種技術用於掃描器或連接量子掃描儀和量子電腦，人類的健康管理將會被提升到另一個層次。光是利用這項技術簡單地掃描、分析人體，就能檢查非常細小的部位和各個器官的健康狀況。

　　現有的體檢方式不僅流程複雜，還無法觀察人體的所有器官。就算照了磁振造影（MRI）或電腦斷層（CT），也未必能拍到異常徵兆，實際上也有不少因為誤判 X 光片或圖像而未能發現嚴重疾病的案例。若量子生物學得到發展，那醫生就算不直接切開組織，也能仔細觀察並檢查器官。如果這項技術得到官方認證並商業化，那麼將會給體檢、疾病預防、疾病診斷、治療等領域帶來劃時

代的變化。

　　在未來的二十年內，基於幹細胞和 AI 的新藥將永遠改變醫學領域。今後的醫學不只能夠治療疾病，還可以延長人類壽命、間接拯救生命。與此同時，各種相關領域將會出現新的產業，相關的工作機會和專家也會與日俱增。也許我們正活在人類歷史上最有趣的時代。

變形金剛技術

2044 年的奧運會是什麼樣子？

有一名籃球選手雖然不會灌籃或運球，但罰球或三分球的命中率幾乎是 100％，那就是豐田的投籃機器人「Cue3」。這個 270 公分高的機器人會利用身上的感測器計算出籃框網所在位置的 3D 圖像。從彎起手臂、屈膝、舉起球到射門，整個過程花不到 15 秒的時間。雖然 Cue3 要與人類玩家競爭，在速度和移動性方面略顯不足，但其毋庸置疑擁有高度準確性。

豐田的競爭對手本田以「ASIMO」聞名。ASIMO 可以說是始於 1980 年代的步行機器人研究領域的巔峰之作。ASIMO 不但能跑步，還能辨識臉部、避開障礙物、握手、倒飲料，甚至是移動托盤。這些機器人要到什麼時候才能連貫地完成跑步、運球、跳起這三個動作，也就是「灌籃」呢？參與機器人 Cue3 研究的工程師野見知弘認為，「技術不斷地在發展，二十年內應該就能實現這個目標」。

人類是否將在奧運會上與AI或機器人展開對決？

今日的奧運會是基於人類與生俱來的基因公平展開競爭的比

賽。但二、三十年後的奧運會可能會變得與現在大不相同。因為基因編輯技術、AI 技術、3D 列印技術等各個領域的技術發展將會為奧運會帶來影響。

體育賽事和奧運會注重「公平公正」，但當今奧運會基於與生俱來的基因展開競爭，就真的公平公正嗎？優越的遺傳潛力本身也可以被解釋成是一種不公平的優勢。那如果我們利用基因編輯技術剪貼、添加人類基因，進行重組，來彌補天生差異的話呢？

我們可以利用發現自細菌的免疫系統、能自由編輯人類基因的 DNA 剪刀「CRISPR-Cas9」來進行基因操作。也就是說，我們可以克服先天基因的優劣。雖然利用與生俱來的基因和藉助科技的力量哪個比較公平仍然存在著爭議，但理論上我們可以利用這項技術創造基因優勢。

二十多年後舉辦的 2044 年奧運會勢必會展現出與現在截然不同的面貌，AI、機器人、最尖端設備與人類將展開對決。基因改造、人類增強及腦機介面技術將使奧運會充滿樂趣。經過基因編輯、身高 3 公尺的籃球選手，身體因為接受了人工關節手術而變得非常柔軟的體操選手，能夠支撐最高負荷的舉重選手，百發百中、準確性極高的射箭選手上場的時代指日可待。人類將利用基因編輯技術或與機器結合，跑得更快、跳得更高、扔得更遠、射得更準。

2056 年舉辦奧運會之際，我們可能會需要根據基因狀態劃分選手們的等級，以保持公平。那麼，各式各樣的技術將會如何被用來進一步增強人類的能力呢？

在基因編輯技術下誕生的人類，
是否能展開公平的體育競賽？

　　有傳聞說，中國籃球選手姚明是中國政府讓好幾代身高最高的運動選手結合後取得的成果。從這個觀點來看，我們可以想像人類能透過基因定序和胚胎選擇，讓只具有人為遺傳性狀的孩子誕生。實際上，人類可以使用 CRISPR-Cas9 來編輯基因，甚至孕育出「訂製嬰兒」。

　　2018 年 11 月 26 日，中國南方科學技術大學的賀建奎教授利用基因編輯技術孕育出了訂製嬰兒。賀建奎教授利用基因剪刀 CRISPR-Cas9，為一對中國夫婦編輯了胚胎。在這個案例中，丈夫為愛滋病陽性，妻子為陰性，而為了讓胚胎具有抵抗愛滋的能力，他編輯了名為 CCR5 的基因。這對中國夫婦最後生下了一對健康的雙胞胎女孩。

　　這項技術已經發展到了可以人為編輯遺傳密碼、量身設計孩子的程度。其不僅能複製動物，還能做出人類和動物的雜交種「嵌合體」（Chimera）。但這些領域總會伴隨著倫理問題，無一例外。我們應該允許基因編輯能做到什麼程度？若目的不正當，又該予以什麼制裁呢？

　　多虧了賀建奎教授，這位罹患愛滋病的父親找到了活下去的希望。但在人類的「胚胎階段」編輯基因，仍是件備受爭議的事。假設基因編輯技術得到了進一步的發展（儘管有爭議），在基因設

計下出生的孩子們成了體育選手，並參加了奧運會，那奧運會是否
該接受在基因設計下出生的運動選手？選手的體重級別和等級應該
按照什麼標準來劃分？這樣還有可能展開體育領域最重視的「公平
競爭」嗎？

感測器和擴增實境對患者和運動選手的影響

在許多體育項目中，資訊是成功的關鍵，訓練時也會發揮很
大的作用。目前，游泳選手們已經會在訓練時配戴能夠提供語音回
饋的感測器了。這個感測器可以立即確認活體反應，教練也可以即
時提供回饋，從而讓選手獲得最佳的訓練效果。此外，利用感測器
即時監測選手的營養情況、荷爾蒙和其他生醫訊號，也能更有效地
為選手們準備為取得最佳成績所需要的東西。

能夠幫助我們達到這些目的的穿戴式生醫訊號裝置，其實早
就已經廣泛地滲透到我們的生活中了。我們可以利用穿戴在身上的
智慧型感測器來連續或半連續性地監測患者或運動選手的生理和心
理參數，無須使用有線 HUB 與患者或運動選手連線。這類感測器
會仔細檢測使用者的體溫、血糖值、心跳率、血壓、有無感染病毒、
血液或細胞狀態等身體狀況，並在發現異常時通知使用者，還會幫
忙找治療方法。像這樣，使用智慧型感測器精確地監測生命徵象不
但能及早發現潛在問題，還能在恢復過程中得到細心的幫助。

　　這種長期監測過去都是由醫生在臨床環境中執行的，缺點是費用昂貴；不過穿戴式生醫訊號裝置最近不斷地在增加，因此可以減輕費用負擔，患者還能自行監測自己的生命徵象。除了患者，這種裝置也有助於運動選手的生命徵象。

　　這類智慧型感測器會被裝在牙刷、馬桶、被子、衣服、手錶等我們使用的所有物體上，來即時檢查與管理使用者的健康狀態。除了安裝在物體上的感測器外，也有像貼紙一樣能貼在皮膚上的感測器。這種類型的感測器今後將變得越來越多樣。這項技術有望在體育領域廣泛擴散。教練們不僅能監測競技能力，還將能從生理學角度監測選手，並完美計算出什麼時候該換選手或介入。

　　此外，擴增實境也有助於提升運動選手的能力。選手們可以在虛擬空間中加入各種變數後練習，還能輸入對手的身體條件、技術和戰略數據，事先在擴增實境裡與對手較量。

　　舉例來說，排球比賽時，選手們移動的時機、方向和跳躍高度會取決於對手隊傳來的球的方向和速度。我們可以事先模擬是要進行時間差攻擊還是快攻。擴增實境不但能讓選手們覺得自己彷彿真的在與對手隊比賽，它還有助於制訂縝密的戰略和戰術。也就是說，選手們可以把意象訓練的內容搬到虛擬空間，進行實戰訓練。擴增實境最大的優點是選手們可以不斷反覆練習。擴增實境的互動品質越高，就會越有真實感。

超人類與人機體育大賽

人機結合將帶來的變化

2014 年 6 月 12 日，巴西世界盃開幕式吸引了眾人的目光，並上演了一幕驚人創舉。當時的主角是一名叫朱利亞諾‧平托（Juliano Pinto）的青年，一場突如其來的事故使他脊髓受損、下半身癱瘓。因此不要說是踢足球了，平托連站都站不起來。然而那天，他從輪椅上站起來並開了球。看到這一幕，七萬多名觀眾喝采歡呼。當時平托穿上了一種用大腦來控制的穿戴式外骨骼機器人。

利用義肢和生物工程學克服身體障礙

朱利亞諾‧平托開球這奇蹟般的一幕背後有個叫「再次行走計畫」（Walk Again Project）的研究團隊。這個研究團隊後來又取得了更驚人的研究成果。他們讓八名下半身癱瘓者穿著外骨骼服（Exosuit）進行了密集的大腦訓練，一年後，患者們找回了一部分的感覺，並能自行控制癱瘓部位。

這項在杜克大學神經科學家米格爾‧尼科萊利斯（Miguel Nicolelis）博士的帶領下取得的研究成果被刊登在科學雜誌《科學

報告》上。這是有醫學研究首次宣布脊髓嚴重受損的患者的感覺和運動能力得到改善。這次的研究結果讓尼科萊利斯博士也感到十分驚訝。他在某次的媒體採訪中表示，「我們在啟動這項計畫時，根本就沒料到會得到如此驚人的臨床結果。我們到目前為止從未碰過患者被診斷出完全癱瘓的數年後功能恢復的案例」。

哈佛大學和 Rewalk Robotics 共同開發的外骨骼服是為了幫助患有多發性硬化症等身體疾病的患者找回活動能力而開發的產品。外骨骼服的特點是採用了基於柔軟纖維的設計，減輕了外骨骼的重量，因此能幫助下半身癱瘓的患者找回活動能力。

Rewalk Robotics 在經過反覆研究後取得了相當大的進展。他們在自家外骨骼產品中搭載了能遠距提供、分析健康數據的功能，並提供了有物理治療師參與的遠距物理治療功能，來加快商業化的步伐。據說，德國的保險公司不僅將支援「Rewalk 6.0」外骨骼系統的相關費用，還將支援訓練費用，提供患者廣泛的支援。

韓國也有取得關於外骨骼服的創新研究成果。2020 年 6 月韓國科學技術院發表了機械工程學系孔慶哲教授和世福蘭斯醫院羅東旭教授共同開發、用來輔助下半身癱瘓者的外骨骼「WalkON Suit 4」。WalkON Suit 4 搭載了馬達，因此能讓完全無法使用下半身的患者自行行走，而不需要別人的輔助。患者不但能站起來、走路，還能克服樓梯、斜坡等經常會在日常生活中遇到的難關。韓國科學技術院還透露在下半身完全癱瘓者所使用的外骨骼中，WalkON Suit 4 的步行速度為全球第一。WalkON Suit 4 使用了許多韓國的國

產技術，因此評價稱其在確保國產外骨骼原始開發技術和改良技術方面具有不小的意義。

人機體育大賽：挑戰人類的極限

外骨骼服的開發正在為身障人士提供新的挑戰機會。「人機體育大賽」就是代表性的例子。它的英文「Cybathlon」是「Cyborg」（改造人）和「Athlon」（競技）的合成詞，是瑞士國家競爭力研究中心的機器人學單位（National Centre of Competence in Research Robotics）主辦的國際競賽。參加人機體育大賽的選手們部分身體功能有障礙，他們會穿戴外骨骼等使用生物工程學技術開發的輔助裝置、克服障礙，並較量裝置的卓越性和選手的操縱能力與意念。

2016 年，第一屆人機體育大賽在瑞士舉行了。當時在決賽中，由韓國科學技術院的孔慶哲教授和金炳旭選手組成的「SG Mechatronics」隊繼德國的「Rewalk」隊和美國的「IHMC」隊之後，獲得了第三名。像這樣，韓國隊當時就已經有了世界一流的競爭力。

在 2020 年的人機體育大賽中，金炳旭選手在穿戴式機器人項目中奪得了金牌，與他一起參賽的李珠賢選手也獲得了第三名。比四年前更優異的成績不僅證明了韓國選手們的實力，還證明了韓國的機器人服（Robot Suit）取得了長足的發展。金炳旭選手創下了

最高紀錄 3 分 47 秒，他表示「機器人做得很好，坐起來非常舒適」。

未來將用3D列印機製作器官和組織

3D 列印技術正在擴大到人體領域。除了穿戴式裝置外，人類現在還能根據患者的骨骼結構 3D 列印客製化的人工骨後，移植到體內「修復」人體。在醫療領域，特別是在脊椎融合術領域，3D 列印具有相當大的潛力。3D 列印的椎體護架會被用於脊椎融合術，來治療椎間盤突出或脊椎不穩定症狀。這個椎體護架會取代變形或受損的椎間盤、矯正脊椎，並穩定脊椎、減少壓力。

身體嚴重受損的患者也能利用這項技術移動輪椅，對因四肢癱瘓、漸凍症等而失去肌肉控制能力和移動能力的身障者來說，這項研究是個好消息。這項技術還有幾個優點，那就是可以讓患者感受到能靠自己站起來、走路的滿足感，並避免患者因無法移動身體而得到併發症。

澳洲新南威爾斯大學已經開發出了一種人工骨製作技術，其能用陶瓷材料 3D 列印出與活的骨骼組織一樣的人工骨。一直以來，人工骨骼組織都是在患者體外製作的，但新南威爾斯大學開發的技術讓醫生們能在進行外科手術時，精準地在需要的部位做出骨骼組織。這個能在人體內進行的新 3D 列印製程為需要更換骨骼的外傷

和癌症患者帶來了希望，並減少了患者疼痛和恢復的時間。

如果能用 3D 列印製作人工器官，那與此相關的生物工程領域將跟著一起發展。UNYQ 公司正在為身障人士製作手臂和腿，Ekso Bionics 公司則在製作能幫助身障人士走路的機器人外骨骼。

在今後的五到十年，利用人工器官取代我們身體的一部分或器官的產業將變得發達，人類也不會再有抗拒感，而且這些人工器官很可能會比我們天生擁有的器官更好。我們也將能列印生物感測器來監測肝臟或心臟的健康狀態，並不斷獲得數據。

這些研究目前都處於現在進行式，未來的潛力無窮。到了 2056 年，這些技術將普及大眾，成為我們日常生活的一部分，人類將能擺脫身體障礙帶來的限制和痛苦。

改造人和數位孿生

與機器結合或進入數據中，
活出另一個自我

「人類生而必死」已被視為不變的真理。但是人類真的無法拒絕一直以來被視為自然法則、人類宿命的「死亡」嗎？隨著科學技術不斷地發展，人類變得有可能實現長久以來渴望能長生不死的夢想。

數位孿生和半機械人

2021 年 8 月，《SBS Special》以「永生的時代」為主題探討了半機械人和數位孿生。英國機器人科學家彼得・史考特－摩根（Peter Scott-Morgan）博士在罹患了漸凍症後，肌肉逐漸變得僵硬，他決定用一個比較特殊的方式來延長自己的壽命。他正試著透過數位孿生作業，做出跟自己長得一樣的虛擬化身，同時也在進行重生為半機械人的作業。史考特博士藏不住內心的興奮，激動地表示，為了突破人類的極限，他很樂意成為白老鼠。

首先，為了變成半機械人，他先將變得衰弱而無法正常運作

的器官換成了機械。他會操作新的介面，讓機械去處理進食到排泄的過程。為了得到永生，史考特博士還在打造數位孿生。若想把數位孿生做得跟真人一樣，就得盡可能輸入越多的數據。因此，史考特博士正在盡自己所能輸入自己的表情、肌肉運動、聲音和自己使用的語言。然而他最近連聲帶肌肉都變得僵硬而發不出聲音，因此只能用瞳孔信號移動鍵盤來輸入語言。

史蒂芬・霍金（Stephen Hawking）博士的溝通程式開發者拉馬・納赫曼（Lama Nachman）博士也加入了這項計畫。她的目標是讓虛擬化身「彼得 2.0」說話時跟真的彼得一樣。這個程式搭載了 AI，因此不會只單純輸出被輸入的數據。彼得 2.0 越是透過深度學習反覆學習，越會變得像真人彼得。如果其高度進化，就會發展到我們無法分辨真假彼得的程度。

不過，問題來了。這麼一來，誰是真的彼得，誰又是被做出來的彼得呢？彼得想透過與機械結合永生不死的夢想真的有可能成真嗎？各界眾說紛紜，彼得本人則聲稱自己的夢想將會實現，並表示，「系統裡的彼得 2.0 將不斷地成長並與世界溝通。彼得 2.0 無須畏懼死亡，所以將永遠活下去」。

作為被數位化的人類存在於這個世界究竟算不算永生，每個人的心中應該各有各的答案。

全世界第一個改造人藝術家：內爾・哈維森

在頭部移植了天線的改造人藝術家內爾・哈維森（Neil Harbisson）是一名先天性全色盲患者，從小就無法分辨顏色，在他的眼裡，所有的東西看起來都是黑色與白色。為了克服這個問題，他在 2004 年移植了被稱為第三隻眼的天線「Eyeborg」，並成了第一個被官方認可的改造人藝術家。

對內爾・哈維森來說，與人造腦工程師亞當・蒙坦頓（Adam Montandon）相遇是他人生的一大轉折點。他會決定移植能辨識顏色的機器、成為改造人，就是因為遇到了蒙坦頓。哈維森說，在接受具有挑戰性的天線移植手術後，他花了兩個多月的時間去適應新的輸入系統。其原理簡單來說，就是當天線辨識到顏色時，移植於後腦勺的晶片會將其轉換成特定頻率，讓哈維森聽到顏色的聲音。哈維森說，他能聽到 300 多種顏色的聲音，而且他已經在不知不覺間把天線當成了自己身體的一部分、自己的器官。

雖然科學技術讓哈維森得到了新的感覺，但還是有不便之處。比如說，他每 4～5 個小時就得充一次電，有時移植天線的部位會感覺到如頭痛、牙痛般的痛覺，還有人不喜歡他頭戴天線的樣子。儘管如此，哈維森還是很滿足於改造人的生活。他表示，「我很自豪我屬於不斷在進步的科學技術的一部分。多虧了科技，我還擺脫了對疾病和死亡的恐懼」。哈維森會這麼說，是因為科學技術越是進步，他就越能得到更進一步的發展。

腦機介面的未來：人機將有可能互相連接

　　人類現在不僅能利用人工裝置來改善身體功能，還能製作可以用大腦控制的人工器官。人類還開發出了一種在腦中植入小型晶片後，將訊號傳送到貼在身上的電極裝置，來代替受損的脊髓神經的技術。

　　伊隆・馬斯克旗下神經科技公司 Neuralink 的短期目標是利用晶片治療腦部疾病，但是馬斯克心中擁有更遠大的願景，他不僅抱著「人類與 AI 共存」這個長期目標，還計畫將其技術的應用領域拓展到「概念式心電感應」（Conceptual Telepathy）。也就是說，人們不用寫字或說話，只要交換電子訊號，就能像心電感應一樣分享自己的想法。馬斯克表示，「我們未來將能儲存並重播記憶，且能將記憶下載到新的身體或機器人中」。馬斯克還計畫開發能在電腦中儲存、重播記憶，並將意識植入到機器人的技術。

　　Neuralink 會在頭蓋骨穿一個洞後，植入一個只有硬幣般大的晶片，因此其具有能精準解讀腦波的優點。但其缺點為進入門檻高，因為要打開頭骨植入晶片，就必須進行外科手術。為了彌補這個缺點，Neuralink 開發了能讓這個手術做起來更安全、更容易的移植手術機器人。如果腦機介面晶片移植手術變得像馬斯克說的那樣，和做近視雷射手術一樣簡單、容易又安全，那人腦和機械直接溝通將不再僅存在於想像當中。

　　最近，另一家小型神經科技公司 Synchron 搶在 Neuralink 前獲

得了美國食品藥物管理局（FDA）允許以人類為對象進行臨床試驗的批准。Synchron 預計會在紐約的西奈山醫院對六名重度癱瘓者進行評估安全性和有效性的臨床試驗。Synchron 的目標是在人類的腦血管內植入一種名為「Stentrode」的裝置，讓癱瘓的患者能靠自己的意念操作電腦游標等數位裝置。為此，他們會把比火柴還小的裝置植入頸部靜脈、將其推到大腦皮層後，將偵測到的腦訊號傳送到電腦。

Stentrode 會將大腦的運動命令轉換成電訊號，接收器會代替癱瘓部位斷裂的神經傳達運動命令，並幫助患者運動。這個裝置的優點是，有別於其他腦機介面，患者不需要動腦部手術，而是能夠透過最小侵入式手術將裝置植入到腦血管中。Synchron 目前正在以四名癱瘓患者為對象，在澳洲進行臨床試驗。據說，患者們成功使用用來操縱電腦游標的視線追蹤裝置和移植裝置，只靠意念控制了 Windows10 作業系統。

腦機介面的發展

將思維和精神上傳到電腦

　　雷蒙·庫茲維爾曾表示，到了 2045 年人類將迎來「奇異點」，AI 的智力將超越地球上全人類的智力總和。庫茲維爾提出的 147 項未來預測中，已經有 126 項化為了現實。他主張可能會在 2045 年前發生的事中，包含在奈米工程、機器人工程、生物技術的發展下人類將得到永生，並且會出現先進的超級 AI。若科技不斷地發展，人類的大腦與 AI 的大腦總有一天會合而為一。而如果能連接 AI 與人腦，我們將能連接 AI 與我們的思維。

如果把思維上傳到電腦，會帶來什麼樣的變化？

　　電影《全面進化》（Transcendence）中，一名科學家將自己的大腦和意識上傳到了超級電腦的 AI 中，透過與超級 AI 結合在一起，他得到了能隨心所欲操縱世界的非凡力量。他開始連上網，將自己的領域拓展到全世界。他將超級奈米機器釋放到空氣、雨水、土地中，得到了監視、操縱、支配全世界的力量。

　　如今，原本來自電影的想像正在成真。我們已經在前面介紹

了能在人類的大腦和身體死亡後，將腦中的資訊移動並儲存到數位裝置的技術。我們的思維將不再只是無形的東西，它將能以檔案的形式存在於硬碟、USB 或雲端裡。

雷蒙・庫茲維爾博士在自己的著作《如何創造思維》（How to Create a Mind）中表示，AI 將擁有被認為是專屬於人類的「思維」或「意識」。也就是說，機械演算法會做出人腦解決問題的能力。庫茲維爾博士認為，人類的問題解決能力、意識、思維皆基於大腦活動，因此若這項技術高度發展，機器將能做出人類的思維。若能無線連接人腦和雲端 AI，人類的智力會增加 10 億倍。「AI 將基於開放原始碼和大數據不斷地發展，最後甚至擁有人類的思維」，這就是庫茲維爾博士主張的核心內容。

「全腦模擬」是目前受到全世界人關注的領域，它會將人類的意識上傳到電腦。美國已經有公司開始在提供這項服務。美國的 Nectome 公司聲稱找到了將人腦中的記憶或意識上傳到電腦並儲存的方法。他們會用最尖端的防腐處理技術冷凍保存大腦，並在將來透過數位化讓腦中的意識「甦醒過來」。這種方式會將意識或記憶轉化成數位數據後上傳到電腦，而不是讓冷凍保存的大腦復甦。

我們還無法知道被上傳的意識會發生什麼變化。有人可能會覺得以數據形式活在 USB 裡聽起來很瘋狂，但我們的意識就只能依賴生物基質嗎？神經元是蛋白質做成的還是資訊碎片做成的，或許根本不重要。

用腦機介面技術改變經驗和個性

AI 誕生至今已有五十年，有人預測人類總有一天會活在一個只需在腦中植入晶片、不用讀書也能獲得知識和資訊的時代。而能讓這個預測成真的東西，就是腦機介面。

腦機介面是連接人腦電場和電腦的介面，是融合了醫學、腦神經學等生物技術和電腦工程、AI 等資通訊科技之最尖端的學術領域。人類體內的突觸（Synapse）會互相傳遞訊號，這時突觸會分泌神經傳導物質。而這個物質會在突觸間隙產生電火花後被傳導出去，這時我們可以利用放在突觸附近的電極感測器讀取電場。像這樣，腦機介面會在讀取腦波或腦細胞的動作電位後，將特定模式接收為輸入訊號。

腦機介面技術在開發初期多被用於醫療目的，用來治療注意力不足過動症兒童或重度身障人士。最近，腦機介面技術正在與擴增實境結合，朝著幫助因先天性障礙或外傷而難以移動身體的患者減輕不便，並幫助人們更順暢地溝通的方向發展。

其實，科學家們早在 1960 年代就開始進行動物實驗，最近則在積極進行人體實驗。Neuralink 目前正在為將腦機介面植入人體致力於研究和技術開發。若這項技術進一步得到發展，我們不僅能把電腦裡的資訊注入腦神經細胞，體驗新的虛擬實境，還能以人腦遠距傳送訊號，就像心電感應一樣，只靠「意念」操作機器。

使用腦機介面，不但能直接連上虛擬實境，還能控制人類的

感情、消除悲傷或恐懼。我們還能以驚人的資訊分析能力在一秒內讀完一千多本書、用心電感應與別人進行通訊、操作 AI 機器人、用念力操縱連結到的物體，甚至可以改變個性。

腦機介面正在以非常驚人的速度加速發展。庫茲維爾博士預測，到了 2035 年，我們的大腦將與雲端無縫連接。屆時學校與學習的意義將會發生變化，人類將不需要再傳授人類知識或資訊，只要我們連上雲端，任誰都能變得比超級電腦還聰明。這麼一來，教師（Teacher）、教授（Professor）的作用會變得與現在不同，其扮演的角色將變成導師（Mentor）、引導者（Guide）或合作夥伴。

腦機介面的壯舉：猴子腦控乒乓實驗

2021 年 4 月 9 日，腦機介面領域又出現了相當驚人的壯舉。Neuralink 在 Twitter 上發布了一個對腦中植入特殊晶片的獼猴「佩奇」（Pager）進行創新實驗的影片。馬斯克稱這個實驗為「猴子腦控乒乓」（Monkey MindPong）實驗。這是繼 Neuralink 在 2020 年 8 月公開腦中植入電極晶片 Link 0.9 的豬「葛楚」（Gertrude）之後取得的另一項成就。

影片一開始，9 歲的佩奇正在學習一款利用操縱桿子來接住移動的球的電子遊戲《Pong》，同一時間，Neuralink 透過與 2000 個微小電線相連的晶片，將猴腦產生的神經訊號數位化，並進行連動

大腦和操縱桿的建模作業，建立了一個不使用操縱桿，只靠大腦產生的神經訊號來移動遊戲螢幕上的反彈板的系統。

緊接著，影片秀出佩奇一邊在遊戲螢幕前喝香蕉奶昔，一邊玩遊戲的畫面。馬斯克稱「這隻猴子正在透過腦中的晶片用心電感應玩遊戲」。他還表示，Neuralink 將以這次的實驗為基礎開發出能植入人腦的晶片。

根據 Neuralink 的官網，該公司正在開發的植入裝置「連結」（The Link）只有硬幣大小，其內部有能處理、刺激、傳遞神經訊號的晶片，以及能無線充電的電池。該裝置外則有許多用來偵測神經訊號之電極的「神經絲線」（Neural Threads）。如果 Neuralink 的裝置在人腦中也能正常運作，那將能治療因阿茲海默症或脊椎損傷導致視覺、聽覺、觸覺等感覺麻痺的患者，或幫助患有退化性疾病的患者找回感覺。另外，Neuralink 也在開發能像近視雷射手術輕鬆、快速植入微型晶片的技術。若能使用機器人外科醫生，預計 1 小時內就能完成手術，而且不需要麻醉。

目前看來，Neuralink 的「連結」和用來植入晶片的機器人將有可能會變成大腦資訊通訊的最終管道。但 Neuralink 的目標遠超乎此，其計畫發展到能讀取人類的想法、用腦波進行溝通。

冷凍人

挑戰永生，冰封後復活

2018 年 2 月，一名五十幾歲的韓國男性將因血癌過世的八十多歲母親冷凍起來而造成了話題。這名男性是第一個申請冷凍人服務的韓國人。「在救護車上，母親掙扎到全身都在抖動。」男子表示這是他與母親生活這麼久，第一次看到母親這麼痛苦。男子的父親才過世不到六個月，母親也離開了人世，男子飽受煎熬而決定把母親冷凍保存起來。

他找上了俄羅斯人體冷凍企業 KrioRus 的合作公司 KrioAsia。他的母親一去世就被進行了初步冷凍處理，然後被送到了位於俄羅斯莫斯科的冷凍櫃。據說冷凍保存期限為一百年。

越來越多人想進行冷凍保存

過去，冷凍人（Cryonics）常常被當作科幻電影題材。但現在，人體冷凍已經不再是只存在於電影中的想像，目前已經有不少人體冷凍公司，技術也正在飛速發展。其實，保存冷凍人的歷史已經超過了五十年。美國加利福尼亞大學心理學教授兼生物冷

凍基金會創始人詹姆斯・貝德福德（James Bedford）是全球第一個冷凍人，他在 1967 年死於腎癌後被凍存了起來，現在則長眠於位在美國的冷凍保存企業阿爾科生命延續基金會（Alcor Life Extension Foundation）。

　　保存冷凍人的代表性企業有美國的阿爾科生命延續基金會、人體冷凍研究所（Cryonics Institute）及俄羅斯的 KrioRus。目前有多少人被凍存呢？雖然美國的阿爾科生命延續基金會和人體冷凍研究所並未公開確切的數據，但全世界估計有 600 人被凍存了起來。

　　近幾年，想凍存的人正在增加，韓國還出現了第二個冷凍人。這是韓國首次以注入冷凍保存液的方式進行人體冷凍，由江南醫療中心完成了這個任務。擁有生物冷凍技術的 KrioAsia 公司透露，委託人是一名五十幾歲的男性，他將雖然接受了膽道癌治療但仍過世的妻子凍存了起來。KrioAsia 製作了一個安放屍體的直立式冷凍艙，並將屍體放入用液態氮冷卻的冷凍槽後，以零下 196 度的低溫進行了凍存。凍存期限最長為一百年。

　　被凍存的人中有許多政治家、企業家、藝人等知名人士。據說，雷蒙・庫茲維爾、約翰・亨利・威廉斯（John Henry Williams）、泰德・威廉斯（Ted Williams）、迪克・克萊爾（Dick Clair）、塞斯・麥克法蘭（Seth MacFarlane）、賴瑞・金（Larry King）、西蒙・高維爾（Simon Cowell）、芭黎絲・希爾頓（Paris Hilton）、布蘭妮・斯皮爾斯（Britney Spears）等人都希望將自己凍存起來。

目前的人體冷凍保存技術凍存的人大多是患有癌症等絕症的患者、早逝的人或遭遇重大事故而身體受損到無法挽救的人。客戶可以選擇只凍存頭部或大腦，也可以選擇只凍存身體。

每家企業保存冷凍人的方式略有不同。簡單來說，企業們會在死者被宣告死亡後注射抗凝劑、抗氧化劑、鎮定劑等藥物，以防止血液凝固、腦部受損，並啟動人工肺呼吸等循環系統。企業會在死者死亡後 24 小時內抽掉死者體內的所有血液、注入血液替代品（保存液）後，將人體急速冷凍起來。人腦的功能會在死亡 30 秒後開始下降，因此必須以非常快的速度進行人體冷凍。

完全冷凍身體的技術已在這數十年來透過著名科學期刊得到證實並進行了商業化。然而，現階段的解凍技術還不完善。其實快速解凍並不是不可能的任務，這項技術在理論上早已得到證實，並發展到了能讓冷凍的卵子、精子、細菌、皮膚細胞等單一細胞復甦的程度。目前全世界都在進行各種相關研究。學術界預測，到了 2040 年左右，人類將能讓被凍存的死者的腦復甦，並移植到人工身體裡。只不過，還有讓大腦記憶力復甦這項最艱難的課題等著我們去解決。

違背大自然生死規律的選擇

渴望永遠健康地活下去說不定是人類的本能。埃及木乃伊和

夢想長生不老的秦始皇就是個極佳的例子。只要成功開發出冷凍人的解凍技術，說不定就能實現一直以來被認為是無法實現的夢想、痴人說夢的事。

　　有人譴責選擇將自己凍存起來的人違背了大自然「生與死」的規律。聯合國未來論壇的荷西·科爾代羅（Jose Cordeiro）在西班牙成立人體冷凍保存協會，但不僅遭到宗教人士的反對，還必須面對來自政府在法律上、制度上的反對。阿爾科生命延續基金會的馬克思·摩爾（Max More）董事長表示，「儘管如此，人體冷凍保存技術將不斷發展並擴散到全世界」。

　　五到十年後，人類對人體冷凍保存的想法很有可能會變得與現在截然不同。目前進行人體凍存需要花上 8 萬～ 16 萬美元，但如果技術進一步發展、需求增加，費用將會降低到可以全面商業化的程度，元智人健康、長壽的時代指日可待。

糧食革命與進化中的調理方式

有助於健康長壽的最強飲食

　　韓國首爾的漢堡王、麥當勞、儂特利等漢堡店大部分都能買到「不可能漢堡」（Impossible Burger）、「未來漢堡」（Beyond Burger）等發酵肉 。在韓國的非武裝地帶，野豬散播的非洲豬瘟導致養豬場幾乎每年都不得不大規模宰殺豬隻。從候鳥遷徙地擴散開來的禽流感則導致人們這二十幾年不斷地大規模宰殺雞鴨。現在已經很難再找到能掩埋這些被宰殺的動物屍體的地方，反覆的宰殺更是給農家們帶來了痛苦。

　　作為這些問題的解決方案，韓國政府開始提供畜牧業農家培植肉、發酵肉等新產業的財政支援。韓國變得像荷蘭等歐洲國家，畜牧業農家急遽減少。隨著「發酵乳」 大受歡迎，廠商們推出了完全無菌、純淨的牛奶，由於這種牛奶在室溫下也能保存 2 ～ 3 星期，許多人就像隨身攜帶水一樣，把牛奶帶在身上。雖然有款叫「Perfect Day」的發酵奶進軍韓國市場，但在韓國，國產發酵乳更受歡迎。雖然這一切都還只是想像，但也有可能在不久之後成為我們迎來的現實。

透過細胞培養生產肉類的糧食革命時代

美國的新技術研究所 RethinkX 的共同創始人兼前史丹佛大學教授托尼‧塞巴（Tony Seba）曾表示，2030 年起糧食領域也將出現大變革。他早已在一篇題為《反思氣候變遷》的報告中強調，人類將迎來一個為減少溫室氣體排放量而掀起的糧食革命。

RethinkX 發表的《反思食品與農業 2020 ～ 2030》（Rethinking Food and Agriculture 2020-2030）預測，畜牧業農家將在 2030 年左右消失。那什麼將替代肉類、又將如何替代呢？這個替代方案就是利用細胞培養、精密發酵技術等新技術來生產肉類或糧食。目前已經有許多企業在開發精密發酵、細胞農業等能替代畜牧業的技術。我們可以期待今後將開發出比現有方式更符合倫理、更環保、更能永續發展的蛋白質生產系統。

細胞培植肉（Cell-based Meat）研發領域的領頭羊——荷蘭的畜牧業農家已經開始發生了變化。細胞培植肉指不飼養、不屠宰家畜，而是在實驗室裡提取動物幹細胞後培養生產的肉類。因此，細胞培植肉又被稱為實驗室肉或清潔肉。因為是培養生產的肉，因此能減少 90％以上的用水量、土地使用面積和能源消耗量。

聯合國糧食及農業組織（FAO）指出，全球溫室氣體排放量的 14.5％來自家畜，而工廠式畜牧業至今已經排放了 30 億公噸的二氧化碳，是造成全球暖化的原因。由於培植肉技術將有可能解決長久以來讓我們感到頭痛的暖化問題，因此備受關注。荷蘭的環

境研究組織 CE Delft 公開的數據顯示，與傳統的肉類生產方式相比，培植肉對全球暖化造成的影響可減少 92%、空氣汙染可減少 93%、土地使用量可減少 95%、用水量可減少 78%。

　　想讓消費者購買培植肉，就必須符合大眾的購買力。有研究結果顯示，如果能開發出一個每年可生產 10000 噸培植肉的大規模生產設備，消費者就能以每磅 2.57 美元的價格購買培植肉。也就是說，只要有大規模生產設備支撐，人們就能以低廉的價格吃到培植肉，傳統食品企業將會不得不把培植肉產品加入生產線。目前，泰森食品（Tyson Foods）、阿徹丹尼爾斯米德蘭（ADM）、嘉吉（Cargill）、圃美多（Pulmuone）、穆勒集團（Müller Group）等各大企業皆已在投資細胞培養企業。

3D列印機製作的食物味道如何？

　　會根據個人體質、營養狀態、飲食偏好列印食物的「3D 食物列印」（3D Food Printing）也相當有人氣。人們開起了各種類型的專賣店。能列印食物的家庭用 3D 列印機也將在不久後普及，屆時人們將能更方便、更有效地吃到依個人健康狀態量身打造的食品。這一切都是我們在不久後即將迎來的食材和飲食生活的變化。

　　應用 3D 列印機的食品科技始於十幾年前，並不斷發展至今。除了製作烤箱、平底鍋等烹飪工具外，食品科技現在還能列印食

物、扮演廚師的角色。其製作食品的原理就跟製作其他東西一樣，只要將食物原料放入墨水匣，接著像用列印機噴頭印刷一樣，用糊狀食材一層層堆疊出食物的形狀就大功告成了。目前食品科技已經發展到了能做出義大利麵、壽司、牛排、披薩等各種食物。

　　西班牙的 Novameat 成功用植物性蛋白質 3D 列印了素食牛排。中國在中秋節時 3D 列印了月餅。日本的 CANOBLE 則成功用 3D 列印機做出了風味更豐富的奶油。美國的新創企業 BeeHex 開發出了一款能根據個人喜好設定披薩的大小、形狀、配料、卡路里等後印刷披薩的列印機，使用者只要 1 分鐘就能印出想要的披薩。

充滿營養的量身打造食品即將問世

　　3D 食物列印還有一個優點，那就是能提供使用者最適合自己的食品。超快速 3D 列印機製造商 Nexa3D 聯合創始人阿維‧賴肯塔爾（Avi Reichental）表示，「如果今後能在家裡使用食品列印機，我們將能在想要的時候造出特製營養棒，它會含有我們當下最需要的蛋白質、碳水化合物、維他命和微量元素」。他還表示，對兒童、老年人、患者、特異體質的人等受營養不足之苦的人來說，3D 食物列印會是一項極具意義的技術。

　　2012 年，歐洲的五個國家荷蘭、丹麥、義大利、奧地利、德國和 14 家企業共同啟動了「PERFORMANCE」（Personalized Food for the Nutrition of Elderly Consumers）計畫。這項計畫的目標是利用 3D 列印機做出食物實際的樣子和類似的質感後，收集攝取相關數據，最後根據個人需求添加營養素。

3D 列印食物始於 NASA 製作的太空食品。太空食品都會做成膏狀或進行冷凍乾燥處理，以便食用與保管。現在，這些技術正在被用於糧食革命。所有的食品都會先被進行超低溫處理、磨成粉末，接著一種叫「微量分注器」的 3D 列印機會把這些食品原料做成 3D 結構的食物。各種噴頭會交替印出食品原料和能讓原料固化的離子來製造食物。這種方式會先混合兩種或多種原料後再做出形狀，因此我們可以讓一個噴頭印出鈣、一個噴頭印出蛋白質，做出營養均衡的食品。

梨花女子大學李鎮圭教授的研究團隊正在進行一項透過改變食物細胞結構來做出食物的口感和味道的研究。這個研究團隊早在 2018 年就開發出了一款食物的顯微結構生成平台，使用者能根據個人喜好，利用 3D 列印機調整口感和體內吸收率。現有的 3D 列印機在列印食物時大多都會把有黏性的材料做成糊狀，但李教授的研究團隊並未就此滿足，他們目前正致力於研究用 3D 列印機做出人們想要的口感。

3D 列印食品能絕對減少食物被浪費，因此在環境保護方面備受關注。3D 列印機接下來將會進軍藥學領域。我們將能在分析個人基因後，印出量身訂製的藥品。我們還能根據患者的特殊需求，進行藥品個人化來提升藥效。

適合高齡化社會的住宅

用 3D 列印快速建造沒有門檻的住宅

巨大的機械臂開始在砂石地噴灑「墨水」，將其一層層堆疊上去。原來是美國設計公司 AI SpaceFactory 開始用 3D 列印機列印房子了。列印機的機械臂將墨水疊成了圓柱體，並自行做出了幾個用來安裝窗戶的鋼架。這個施工現場沒有工人參與建設或搬運建材。員工們都是一邊看著螢幕，一邊確認施工狀況、監督施工現場。大約過了 30 幾分鐘吧？不知不覺間已經建成了一棟蛋形建築物。這棟叫「瑪莎」（Marsha）的房子是為了讓太空人在月球或火星居住而建造的「太空人居住地」。

3D列印建築將改變居住文化和都市

AI SpaceFactory 建造了一個 15×8 英尺大、名為「瑪莎」的圓柱體建築物。他們把玄武岩組織和從植物澱粉提取的生物塑膠當成了材料。AI SpaceFactory 會將可重複使用的材料加熱到攝氏 175 度以上後將其擠出，接著在 5 分鐘內使其硬化，以這種方式建造太空居住地。

　　3D 列印技術已被全方位應用於各個領域，建築產業也不例外，並且開始帶來了巨大的影響。現階段的 3D 列印建築會在印出 3D 設計圖後組裝房子。3D 列印建築早期使用的主要材料為塑膠，最近則開始用起了混凝土，業界也正在積極研究生物等新材料。若 3D 列印技術與機器人產業產生協同效應，那人類將能利用這項技術建造高樓或複雜的結構物。

　　用 3D 列印建造房子將會改變建築物的外觀和內部環境。目前大部分的建材為木材、混凝土、玻璃、鋼材，但 3D 列印建築將會引進全新的材料，例如使用更厚的水泥和會自行支撐建築物的合成物的混合材料。Contour Crafting 是一家使用混凝土 3D 列印建築物的公司，雖然目前並未受到太大的關注，但其事業將不會只局限於建築物本身。

　　Contour Crafting 將會使用能以各種材料列印的機器，將電線和管線印在牆壁內側。他們還會在列印流理台、家具後，將其搬入廚房裡，並在廁所裡安裝馬桶和洗手台。材料變得多樣還會影響到設計。我們沒有理由再執著於平坦的牆壁，而是能將所有的牆面裝飾得很有藝術感。Contour Crafting 無窮的潛力將會顛覆房子、別墅、辦公室等建築物的外觀和概念，我們將能設計出無法以現有的建築方法建造的建築型態。

　　美國建築公司 ICON 與地產公司 3Strands 建立了合作夥伴關係，以 3D 列印方式在奧斯汀地區建了四棟多層建築，並在 2021 年將首批 3D 列印住宅投入了美國住宅市場。ICON 還預計於 2022

年在南加州完成一項以一般消費者為對象進行的「3D 列印住宅區」的開發。3D 列印住宅會使用防火、防水能力卓越的複合石材，價格比一般住宅便宜 45%，由於會供應太陽能和電池，能源效率也比較高。

　　3D 住宅列印的優點遠多於現有建築方式。首先，3D 列印住宅的施工成本低。我們不但能大幅節省時間、精力、建材，減少廢棄物，還幾乎不需要投入勞工成本。由於施工時間短，可迅速供應購房者住屋。建成 3D 列印住宅，甚至不需要花到一個星期。此外，我們不但能自由使用環保材料，還能大幅減少人員傷亡。像這樣，3D 列印住宅擁有相當多優點。

　　儘管如此，3D 列印住宅想要實現商業化還需要一段時間。為什麼呢？首先，據說 3D 列印住宅的初期投資成本高，目前市面上用於建造住宅的 3D 列印機價格超過 100 萬美元，然而現階段的 3D 列印技術只能做出住宅的骨架和外牆，窗戶、電線、管線、鋼筋等必須另外製作後再安裝；我們還需要明確制訂關於 3D 列印建築物的認證、安全標準和法律法規等。此外，美國人和歐洲人比較喜歡木造骨架的住宅，因此對於將主材料改成混凝土，當地購房者多少會有些抗拒感。最後，引進 3D 列印技術還會導致大量勞工失業，這也是讓人感到負擔的一點。目前的當務之急就是找出能明智又快速地解決這些問題的對策。

3D列印建築將澈底改變居住文化和城市

若 3D 列印建築進一步得到發展，下一步就會是都市計畫。中國建築公司盈創宣布，他們計畫用 3D 列印技術在中國境內建設 100 座工廠，並在未來幾年內在 20 個國家建立工廠。美國也有望同時建立智慧城市和 3D 列印城市。洛杉磯就是應用了智慧科技的典型例子。洛杉磯街上的路燈與政府的照明部門無線連結在一起，因此需要修理路燈或變更紅綠燈時，政府可以即時掌握情況。

此外。洛杉磯還計畫將 3D 建築方式用於透過數位生態系統無線連結的租賃公寓。這些大樓內部將會事先施工能幫助人們的生活變得更便利的尖端產品，像是智慧型溫控裝置、聲音響應式保全設備、具備環繞聲道音效功能的超高畫質電視等。

為老年人量身打造的3D列印住宅

人口高齡化正在加速，這使得 3D 列印這項能以低廉費用在短時間內建造出結構簡單之住宅的技術前景明亮。與年輕人相比，由於老年人的動作比較遲緩、沒那麼敏捷，且經常會出於健康原因需要坐輪椅，結構複雜的房子經常會給老年人帶來不便，無論是家裡有樓梯，還是從玄關到前院的路上有樓梯或門檻，對他們來說都是種阻礙。

　　這種時候，就會需要一個沒有任何門檻、地板皆以平地相連的房子，而 3D 列印技術很容易建造出這樣的房子，3D 列印技術還能讓我們將室內設計成沒有房門的開放式結構或走道寬敞的結構，以便移動輪椅或移動式的床，因此與結構複雜的現有房屋相比，3D 列印的簡約住房從各方面來說都很適合老年人居住。

第 **5** 章

▼

Climate Disaster
地球陷入危機，人類該如何活下來？

未來的樣貌

　　2035 年 7 月，上班族金允錫決定這次度假要去釜山，因為從首爾到釜山只需要 16 分鐘的超迴路列車終於開通了。社群媒體上有許多人發文說自己第三攤跑到釜山解酒，還吃了豬肉湯飯。

　　除了超迴路列車外，各種飛行汽車澈底改變了現有交通體系，機場的國內航線和高鐵乘客因此急遽減少。首爾上空有好幾輛現代汽車開發的飛行汽車在飛行，韓華航太和美國的 Overair 合作開發的空中計程車也已開始營運。

　　隨著配送無人機成功在市中心商業化，許多店家開始利用無人機送餐，路上的外送員人數急遽下降。運行中的車內更是十幾年前的我們無法想像的景象。上班族開視訊會議或吃早餐、一家人在前往度假勝地的路上一起看電影、YouTuber 拍影片，這一切都將變成我們的日常。

　　為了減少碳排放，全球企業的社會責任加快了轉向新能源及再生能源的步伐，並掀起了移動（Mobility）革命。但氣候危機仍在威脅著地球。致命的熱浪和暴雨來襲、森林大火熊熊燃燒、冰河融化導致海平面上升使全球各大城市逐漸被海水淹沒……全世界正在致力於從氣候危機中保護地球。

火箭發射技術

火箭貨運，一個小時內抵達全球各地

今後要到全球任何一個地方只需要 1 小時左右，因此人類不會再拘泥於國境，將可以在世界各地找工作、四處移動。旅行時間縮短意味著交通運輸工具的碳排放量會急遽下降，這會對氣候帶來相當正面的影響。運輸進出口貨物的船舶在海上往返數週或數個月時，也不會再排放大量的海洋汙染物。這些變化都將拯救地球。

2021 年，美國第四大航空公司聯合航空購買了 15 架超音速飛機「Overture」。與此同時，數千家移動出行公司正在計畫營運無人機計程車、空中計程車、飛行無人機，紐約的無人機新創企業 Kelekona 就表示計畫開發一款 40 人座的無人機巴士，並於 2024 年進行首飛，第一條路線將會是從紐約曼哈頓出發到漢普頓，飛行時間為 30 分鐘，費用為 85 美元，與同一條路線的火車票價差不多。

不過，將給這個世界帶來最大改變的技術會是 Venus Aerospace 開發的飛行計程車。由於是使用發射火箭的方式，因此並不需要跑道，以後將能在 1 小時內從首爾飛到紐約、巴黎或任何國家的任何城市。Venus Aerospace 計畫於 2029 年正式營運。值得注意的是，Venus Aerospace 並不是唯一開始使用極音速飛機或火箭來飛行的公司。

雄心勃勃的火箭貨運計畫：追求更快、更安全

　　美國空軍預計在 2022 年利用火箭或其衍生物，在 1 小時內將重量相當於 C-17 運輸機最大酬載的貨物運輸到全球任何一個地方。「火箭貨運」（Rocket Cargo）計畫從數年前就開始準備了。這項計畫是美國交通司令部（TRANSCOM）、太空軍和空軍研究實驗室負責的計畫，目的為運輸貨物給次軌道太空飛行火箭，包含點對點太空旅行火箭。

　　為了建設這個新的運輸系統，美國空軍向美國國會提交了長達 462 頁的研發、測試評估預算申請書，並申請了 4790 萬美元的預算。美國空軍每年都增加了「火箭貨運」的預算，2021 年甚至增加了 5 倍。從 2020 年開始，美國空軍就火箭貨運進行了討論，並在 2021 年發表了這項計畫，同時申請了 2022 會計年度的預算。有鑑於這次美軍撤離阿富汗不到一個星期，喀布爾就被占領，人類變得能在極短的時間內打完一場仗，美軍判斷目前的戰爭物資運輸速度過於緩慢，能在 1 小時內用火箭運送戰爭物資的「火箭貨運」系統的重要性再次被凸顯了出來。

　　這與美軍官員們過去解釋過的概念一致。2020 年 10 月，美國陸軍運輸司令部的史蒂芬・萊昂斯（Stephen Lyons）司令曾暗示，未來將有可能在 1 小時內運輸相當於 C-17 酬載（一架客機能承載的乘客、貨物等的總重量）的貨物到全世界任何一個地方。關於 C-17 環球霸王 III 的空軍官方資料顯示，其最大酬載約為 82 公噸。

萊昂斯當時宣布美軍與 SpaceX、XArc（Exploration Architecture Corporation）建立了合作伙伴關係時，更具體地定義了這個概念。SpaceX 是開發出用於太空發射的可重複使用火箭的先驅，XArc 則是一家諮詢公司，主要提供太空相關設計服務。

2021 年，美國空軍的主要計畫是透過建模、模擬和分析，分析火箭貨運的概念、軌跡和設計時應考慮的事項，並驗證其軍事效用、性能和營運成本。為了測試初期的單向運輸能力，並完全掌握技術問題，美國空軍將執行初期的端到端測試。美國空軍目前正在摸索「火箭貨運」獨特的啟動概念。由於 SpaceX 的星艦系統是目前技術完成度最高的大型運載火箭系統，這項計畫希望能透過該系統可重複使用的助推器在外太空或高度極高的大氣層中前進，讓火箭在指定地區著陸、卸貨、再次裝貨後，返回初期出發地點。

火箭貨運計畫必須解決的難題

美國空軍表示，他們將會透過火箭貨運計畫找出能解決關鍵問題的方法。他們計畫更縝密地研究大型火箭的新軌道、飛行方式、場外著陸能力，和用於空運物資、以射出方式製造而成的太空艙的設計和測試方式。想要做到上述的研究，成本仍然是個無法避免的問題。

若使用 SpaceX 可重複使用的獵鷹 9 號運載火箭，發射成本

約為 6200 萬美元；若使用更大型的獵鷹重型運載火箭，則需要約 9000 萬美元。這兩個金額都超過了把 C-17 開到全世界任何一個地方所需的成本。此外，火箭貨運計畫還必須解決基本營運問題和其他實務上的問題，才能讓「可以在 1 小時內抵達全世界所有地方」這個優勢變得有意義。今後有可能會出現各種利基任務，像是迅速加強海外設施或保護受到攻擊的美國大使館。但目前還沒有人能證明這些利基任務有讓美國空軍為這項計畫的開發和應用進行投資的價值。

實際上，這已經不是美軍第一次提及這項計畫，美國國防部國家安全太空辦公室和美國海軍陸戰隊進行的「小部隊太空運輸和突襲」（SUSTAIN）計畫就曾在 2000 年代提過火箭貨運計畫，並表示能在 2010 年底前完成，但是「預言」並未成真。

這次的計畫可能和過去的不一樣，目前除了 SpaceX，其他公司也正在積極開發可重複使用火箭技術，而這預計將會在火箭貨運計畫取得成功的過程中發揮關鍵作用。2022 年美國空軍會如何進行實測，令人拭目以待。

移動革命

一個小時抵達全世界任何一個地方

2030 年，我們將很難在路上看到內燃機汽車，電動汽車和自動駕駛汽車共乘將成為我們日常生活中的一部分。此外，由於電動汽車市場將以前所未有的速度發展，加上自動駕駛共享汽車變得普及，未來每 10 輛汽車中就有 1 輛是共享汽車。

由於美國 95％的乘客運輸都是「旅遊即服務」（Travel as a Service，以下稱 TaaS），傳統汽車公司將逐漸走向崩潰。此外，由於自動駕駛汽車一整天都會載著無數人移動、行駛距離又長，在美國道路上行駛的汽車數量將從 2020 年的 2 億 4700 萬輛減少到 2030 年的 4400 萬輛。這將導致新車需求驟減，轎車和卡車的生產量將以每年 70％的速度減少。

這最終將導致由汽車經銷商、維修商、汽車保險公司構成的汽車產業鏈崩潰。汽車製造商要麼變成大規模生產利潤較低的自動駕駛電動汽車的製造商，要麼轉型為提供共享運輸服務的供應商。

以上是關於十年後汽車產業現狀報告的內容。未來的移動商務將不會只是單純提供汽車共享服務，運輸本身會被人們視為一種服務。這是假設當汽車產業的附加價值來源從現在的生產量和銷售量變成共享服務的使用頻率、搭乘距離、乘客人數時所作的預測。

2030 年，TaaS 也將成為我們日常生活中的一部分，我們不僅能用手機 APP 呼叫汽車，還能呼叫自行車、飛機、機器人計程車等大部分的交通工具。其實在十幾年前，氣候危機的嚴重性開始受到人們的關注時，就已經有人預測了交通工具會出現如此急遽的變化。

汽車公司現在必須蛻變為電腦公司

「為了在未來的移動市場中存活下來，現有汽車製造商必須轉型為電腦公司，開發軟體、電腦、通訊、AI 技術，而不是堅持只當個汽車製造商。」

世界級能源專家托尼・塞巴提出了一個創新的解決方案。他表示為了在汽車業界將面臨的未來環境中存活下來，汽車製造商必須轉型為電腦公司。他早就在 2015 年於韓國出版的《能源革命 2030》中預測，「2030 年，所有的新車都會是電動汽車」。

托尼・塞巴表示，要是有傳統汽車公司認為電動汽車時代不過就代表「內燃機汽車被電動汽車取代」，這家公司就是沒有正確理解邁入電動汽車時代意味著什麼。目前汽車公司面臨的挑戰並不是汽車的動力來源將從汽油和柴油變成電力這麼簡單。因為移動系統將會變成融合了電動汽車、自動駕駛、按需技術的 TaaS。

移動產業將在接下來的十年內成長為全世界規模最大的產業。運輸成本將驟減、大部分的收入將來自「訂閱」等 TaaS 商業

模式。若真的變成這樣，汽車業界將無法再只靠電動汽車的設計和製造能力來確保競爭力。內燃機汽車在迅速電動化，軟體技術在快速擴散，自動駕駛系統也正在日益進化。

當前的移動產業中，汽車製造和銷售規模每年高達 3000 兆韓元，而到了 2030 年，光是自動駕駛的市場規模預計就會增長到 3000 兆韓元。若是再加上共乘和城市空中交通，移動產業規模將會超過金融、石油等主要產業。因此，汽車公司若想在未來移動市場中存活下來，就必須蛻變成電腦公司，開發軟體、電腦、通訊、AI 技術。

移動產業的成長將導致現有市場崩潰，並分出誰輸誰贏。駕駛、製造、石油、天然氣行業的工作機會將會減少，相關企業將會倒閉，但新及再生能源相關企業及 TaaS 企業將會興起。若自動駕駛電動汽車獲得批准，將有望帶來數兆美元的市場機會和網路效應帶來的收益，而為了確保市場占有率，現有 TaaS 企業和新公司之間的競爭當然就會越演越烈。Uber、Lyft、滴滴出行等平台供應商也將會展開無止境的競爭。

移動產業的未來：城市空中交通

德國杜伊斯堡－埃森大學的特聘教授費迪南德・杜登霍夫（Ferdinand Dudenhoffer）曾在「2021 未來移動論壇」中強調，「未

來移動的關鍵詞為電動汽車、數據和軟體。城市空中交通將會掀起相當於智慧型手機改變世界時的創新」。

移動產業現在夢想著在空中掀起革命。如果城市空中交通的時代開啟，我們將有可能像在科幻電影中看到的那樣，駕駛或搭乘飛天汽車。目前各國都在關注城市空中交通產業，全世界在進行中的城市空中交通開發計畫就超過 100 個。城市空中交通和超迴路列車一樣，都能夠解決城市集中化引發的問題，是個強而有力的解決方案。城市空中交通不僅可以緩解大氣汙染造成的氣候危機和交通堵塞問題，還可以創新性地縮短都市人的移動時間。

韓國航空宇宙研究院的資料顯示，若韓國正式啟動城市空中交通，首爾市的平均移動時間將比搭乘汽車時短 70％。如果換算成社會成本，光是首爾每年就能省下 429 億韓元，全韓國則可節省 2735 億韓元。

美國是全世界最快形成城市空中交通市場的國家，其在 2005 年成立了新一代運輸系統研究所，並開始提供制度上的支援。美國新創企業 Joby Aviation 很有可能會成為全球第一家提供城市空中交通商業服務的企業。首先，Joby Aviation 發布的垂直起降飛機的預期規格領先於競爭對手 Archer Aviation。這架垂直起降飛機的飛行距離為 150 英里、最高時速為 200 英里，預計會在 2024 年公開。Joby Aviation 已經收購 Uber 的空中計程車部門 Uber Elevate，並預計將透過 Uber App 提供服務。

另一方面，全球汽車製造商和飛機製造商之間的競爭也非常

激烈。無論是現代汽車、通用汽車、賓士集團、保時捷、奧斯頓·馬丁、吉利汽車、豐田等整車企業，還是波音、空中巴士等飛機製造商都在致力於開發城市空中交通。現代汽車集團董事長鄭義宣曾宣布「未來的整體事業中 30％將為城市空中交通」，表明了現代汽車集團將把自動駕駛、機器人事業和城市空中交通作為未來的新成長動力。

現代汽車計畫投資 15 億美元於城市空中交通機體開發、移動服務和市中心航空建設。現代汽車還透露，他們正在與 Uber 合作設計、開發將用於空中計程車服務的電動飛行汽車，並將在 2025 年之前實現「空中計程車」的商業化。這比原本計畫在 2028 年之前與 Uber 共同開發空中計程車的目標提前了三年。

通用汽車雖然比現代汽車晚起步，但其在美國消費電子展 CES 2021 上以凱迪拉克品牌公開了垂直起降飛機的概念，宣布進軍城市空中交通市場。跨國汽車企業飛雅特克萊斯勒則在 2021 年初，與美國的垂直起降飛機開發商 Archer Aviation 建立了合作關係，打入了城市空中交通市場。Archer Aviation 是全世界第一家推動垂直起降飛機移動事業的企業。吉利汽車收購了已著手開發城市空中交通的太力飛行汽車，確保了相關技術和數據。保時捷則宣布將與波音合作製造高級空中計程車。像這樣，擁有技術的公司們正在聯手合作，技術企業和服務企業也正在建立合作關係，各大企業正在展開無止境的競爭。

若想讓這些創新帶給人類新的生活，各國就必須盡快放寬限

制以實現商用化、加強安全性以應對通訊量增加時可能會出現的問題、制訂城市空中交通的安全標準、建設包含減少噪音在內的相關基礎設施。值得慶幸的是,管制當局的態度正變得越來越開放。Joby Aviation 成了全球第一家與美國聯邦航空總署就飛機認證條件達成協議的企業。韓國也正在積極推動引進城市空中交通。2020年 6 月,韓國國土交通部發布了《韓國型城市空中交通藍圖》,還將 2025 年定為了空中計程車商業化的元年。

KPMG 經濟研究院 2020 年的報告資料指出,2030 年全球城市空中交通用戶數將達到 1200 萬人,2050 年將達到 4 億 4500 萬人。全球投資銀行摩根史坦利則預測,雖然 2020 年的城市空中交通市場規模只有 70 億美元,但 2040 年將急遽增長至 1 兆 4740 億美元。這證明了移動產業是一個將會創造出新的工作機會和各種附加價值的代表性未來產業。有望解決氣候危機和城市集中化問題的城市空中交通,是全世界企業不容錯過的先驅事業。

在地球太空旅行的時代即將開啟

只要美國的太空飛機新創企業 Venus Aerospace 成功開發出其目前在開發的超音速(Supersonic)太空飛機並實現商業化,到了 2029 年,從美國洛杉磯出發到日本東京或許只需要 1 小時。Venus Aerospace 是維珍銀河的子公司維珍軌道的員工們獨立出來後成立

的一家公司，其目標是用「極音速」（Hypersonic）太空飛機在 1 小時內載人到全世界任何一個地方。

Venus Aerospace 的火箭和維珍銀河一樣，會在起飛後於高空點火，並以每小時 1 萬 4500 公里以上的速度飛到太空分界線後到達目的地機場。雖然 Venus Aerospace 的超音速太空飛機還處於開發初期，但其計畫用小型模型進行首次測試後，至少在十年後完成開發。

不過，想要開發極音速或超音速客機不是一件容易的事，目前無論是比現有客機快 2 倍的協和號客機，還是美國新創企業艾利恩超聲速公司（Aerion Supersonic）[8] 都尚未開發出超音速客機。該公司曾聲稱超音速飛機 Aerion Supersonic 只需要 3 小時就能到達地球上的任何一個地方，不過，由於沒能籌措到足夠的資金，不得不中途宣布放棄。但隨著次軌道旅行取得成功、搭乘火箭進行「地球旅遊」的可能性增加，Venus Aerospace 目前所做的挑戰正備受人們的期待。

若太空飛行開發技術不僅被用於外太空，還被用於連接全球各個城市，那將有可能帶來破壞性創新。不用 1 小時就能前往地球任何一個地方、國界逐漸消失的想像將有可能化為現實。若其與元宇宙產生協同效應，人類將會進入一個不存在國家、國民、公民權概念的超連結、跨界社會，元智人將就此迎接一個全新的未來。

---

8 受到新冠疫情的影響，該公司已於 2021 年 5 月倒閉。

無人機事業

千變萬化的無人機產業
將澈底改變我們的日常生活

　　2035 年 7 月的某個星期一，住在水西的黃炳俊先生正悠閒地度過早晨時光，一點也不像我們所熟悉的上班族。他一起床就用手機 APP 預約了一輛無人機計程車，打算搭計程車到位在汝矣島的公司。接著他開始做起了運動。洗完澡後，他吃了無人機送來的沙拉和優格。待一切準備就緒，黃先生坐上了自動駕駛電動汽車，前往乘車處「Vertiport」。基本上，他都會在車上確認前一天晚上的美股狀況。

　　到了 Vertiport，黃先生讓 AI 助理去停車，自己則到了乘車手續辦理區。乘客不需要帶任何卡片，因為所有的過程都是透過臉部辨識和掃描進行的。在等計程車的這段空檔，黃先生喝著早晨咖啡享受了短暫的閒暇時光。計程車升到了空中，窗外的天色正在漸漸變亮。剛開始車體有些晃動，但空中計程車馬上就以極快的速度飛過了麻浦大橋。黃先生還沒來得及欣賞天空，就已經到了汝矣島，時間只過了 3 分鐘。

　　未來，這種上班路途不會只出現在科幻電影中，若無人機產業全面商業化，這一切將在十幾年內成為現實。

無論是航空業還是汽車行業，
各大行業將在空中計程車領域展開無止境的競爭

到了 2030 年，利用自動駕駛汽車、無人機、電動汽車技術製造的空中計程車，將會重新定義「移動」，並變成速度更快、價格更低廉的交通工具。若機器學習、感測器、材料科學、電池儲能技術進一步取得發展，無人機變得更先進又普及大眾，那空中計程車將很有可能會給房地產、金融、保險和都市計畫帶來澈底的改變。若空中計程車商業化，我們將能大幅減少交通工具的碳排放量。為了實現這些創新，各國紛紛提出了基於無人機技術的交通工具發展藍圖，相關企業則在加快技術開發和商業化的步伐。

德國的新創企業 Volocopter 為代表性的空中計程車開發商，商業化進展比其他企業都快。2019 年 10 月，Volocopter 自主研發的「Volocopter 2X」成功載著兩名乘客，飛上了新加坡的百米高空，首次完成了載人試飛。Volocopter 還宣布，他們計畫在全球各國營運多旋翼機（Multirotor）「VoloCity」，也就是擁有多個旋翼的空中計程車。VolocCity 共裝有 9 個電池組和 18 個旋翼，因此就算有一兩個電池放電，也可以換成其他電池後繼續飛行。

Volocopter 的目標是進一步加長 VoloCity 的飛行時間，並於 2022 年在德國、杜拜和新加坡實現商業化。此外，為了能在美國和歐洲提供服務，Volocopter 已經在跑美國聯邦航空總署的認證流程了。2021 年 6 月，Volocopter 在巴黎－勒布爾熱機場完成了空中

計程車的飛行，其計畫在 2024 年巴黎奧運會前實現商業化。

除了飛機製造商波音和空中巴士、汽車製造商福斯汽車和豐田汽車外，IT 企業 Google、Uber、現代汽車、韓華系統等頂尖的跨國企業也正在為了搶占空中計程車市場而展開激烈的競爭。

2018 年，歐洲的飛機製造商空中巴士在美國奧勒岡州首次完成 53 秒的試飛，初步證明了電動垂直起降飛行器的可行性。空中巴士和 Volocopter 一樣把 2024 年的巴黎奧運會當成目標，目前正在推動可從機場迅速移動到巴黎市區的空中計程車商業化計畫。

韓國的韓國航空宇宙研究院、現代汽車和韓華系統也正在空中計程車開發領域展開競爭與角逐。其中，韓華系統已經具備了空中計程車事業需具備的所有條件，包含車體開發、運行協議、基礎設施設計。其目前正與美國的 Overair 基於這些基礎設施，合作開發空中計程車「蝴蝶」（Butterfly）。若在 2024 年左右完成機體開發，韓華系統將從 2025 年開始進行首爾－金浦路線的試運行。

現代汽車北美總部宣布，將在 2025 年之前實現空中計程車的商業化。這比原本計畫在 2028 年之前與 Uber 共同開發出空中計程車的目標提前了三年。2020 年，現代汽車公開了將連接洛杉磯國際機場、約翰·甘迺迪國際機場和市中心主要樞紐的「空中計程車」的構想，並制訂了投資 15 億美元至 2025 年的策略。

交通工具應用無人機將能帶來無窮無盡的變化。雖然應用無人機的交通工具目前還處於技術開發和投資階段，但隨著相關技術進步、政府放寬管制，其有望在不久後的將來實現商業化。遠離喧

囂的城市，住在可以度過田園生活的地方，並搭乘無人機計程車到市中心上班，這將會是我們即將迎來的現實。

從物流到救助服務，無人機將開闢新世界

　　新冠大流行時，無人機展現出了相當活躍的表現。中國深圳市的無人機製造商科比特在上海、廣州等地投入了 100 多架無人機，使其在有感染風險的地區巡邏、噴灑消毒劑。無人機代替人類飛入危險地區，使用 40 倍變焦相機進行了 360 度巡邏，充分發揮了作用。如果在公共場所發現有人沒戴口罩，無人機上的擴音器就會發出警告。為了防止病毒擴散，它們還負責補給物資給被封鎖的地區。

　　無人機還可以在搜救失蹤者時發揮重要作用。美國聲學學會在年度會議上發表了一種基於遇難人員求救時敲牆、跺腳、尖叫的聲音構成的數據庫進行深度學習，可以在災區用無人機辨識求助者呼救聲的系統。安裝在無人機上的麥克風會偵測被困在災區的人發出的呼救聲並通知救難隊。

　　此外，無人機還能用來緊急護送傷患。韓國國立蔚山科學技術研究院（UNIST）鄭延宇教授的研究團隊在其設計的「911$ 急救無人機」獲得世界三大設計獎中的德國「2020 年 iF 設計獎」後，與無人機企業 Dronedom 建立了合作夥伴關係，進入了產品量產階

段。這架救難無人機在患者躺的擔架上連接了 8 個螺旋槳和有線電
池組，會在離地 1 公尺左右的高度移動。由於不需要安裝自動飛行
功能和避障功能所需要的各種感測器，其製造成本低。再加上電池
會由救災人員背著，因此可以減輕無人機的重量、提升續航力。

　　無人機將在不久後的將來在我們的日常生活中為我們配送餐
點和水，並取代快遞員、外送員和郵差。它還會沿著航線在空中飛
行、追蹤庫存、傳送收集到的數據，並自動管理庫存，取代物流管
理人員。無人機提供快遞服務的日子正在離我們越來越近。

　　2020 年，亞馬遜從美國聯邦航空總署獲得了可營運無人機配
送的批准。因此，亞馬遜可以在人口密度較低的地區利用無人機配
送 2.26 公斤重的物品。亞馬遜的 Prime 會員能在 30 分鐘內收到線
上訂購的商品。亞馬遜是繼 Alphabet 的子公司 Wing、UPS 之後，
第三家從美國聯邦航空總署獲得無人機配送許可的企業。Wing 從
2019 年開始就為維吉尼亞州的居民提供了生活用品送貨服務。物
流公司 UPS 則在 2014 年打入了偏遠地區配送服務領域。除了這幾
家公司外，最近美國的沃爾瑪（Walmart）、中國的阿里巴巴也都
在競相引進無人機配送。

　　全球管理諮詢公司麥肯錫（McKinsey & Company）預測，無
人機的市場規模將從 2017 年的 64 億美元增長到 2025 年的 202 億
美元。麥肯錫還預測，到了 2040 年，在以一般消費者為對象的非
軍事用途無人機市場中，無人機將負責近 30％的配送量。

　　麥肯錫之所以會做出這種預測，是因為無人機產業最近正在

迅速成長。隨著新冠疫情爆發後非接觸式服務的需求劇增，各種產業又呈現出無人化、自動化的趨勢，無人機越來越受到人們的關注。在美國，無人機不僅被用於農業，還正積極被用於軍事目的。

無人機事業留給人類的課題

電影《全面攻占 3：天使救援》（Angel Has Fallen）充分讓我們看到了無人機襲擊具有多大的威脅性。一群物體飛向正悠閒地在湖邊享受度假時光的美國總統並瞬間進行了轟炸。這群物體不是直升機，而是無人機。由於無人機是用螺旋槳低空飛行，因此不容易被空軍的雷達網偵測到。就算被發現，也會瞬間進行轟炸後消失，因此根本來不及做出反抗。無論是地面兵力還是空軍，都難以阻擋數百架無人機進行的攻擊，因此在現代恐怖攻擊的方式中無人機攻擊最具威脅性。其實這種事並不是只會發生在電影裡，實際上，各國都在準備將無人機用於戰鬥，「無人機戰爭」正在成為現實。

2019 年 7 月，一群不明無人機襲擊了美國海軍的驅逐艦。2021 年 5 月，以色列允許使用無人機掌握哈馬斯武裝分子的位置，並進行了攻擊。這是人類首次在戰鬥中使用無人機群。最近，位於伊拉克的美國相關機構也接連遭到了無人機的襲擊。

無人機不再只被人們用於偵察和監視，也正在成為攻擊性武器。世界上沒有一個國家能躲過無人機的恐怖襲擊。武器化的無人

機已經開始給人類帶來了威脅，非法無人機的警示燈在我們的日常生活中亮起。

　　隨著使用無人機的恐怖襲擊和犯罪頻繁發生，開發「反無人機」技術來偵測、追蹤、反制非法無人機成了人類急需完成的課題。反無人機是無人機界的警察，其核心為雷達技術。美國的 AI 防空及安全公司 Fortem Technologies 推出的「DroneHunter F700」就可以說是一種反無人機。其搭載了各種能應對敵對無人機攻擊的功能，負責保護地面的主要基礎設施。

　　無人機無庸置疑是個將會創新性地改善交通和物流等人類生活的曠世發明，但作為飛天武器，它也有可能會威脅我們的寶貴資產和生命。我們應該要盡快開發出能追蹤、控制無人機運行資訊的技術，並像飛機那樣，建立一個配有監控、追蹤系統的控制塔。為了讓無人機技術被用在對的地方、為人類提供便利，我們必須努力推動無人機的商業化，並完善相關機構和應對體系，以預防無人機帶來危害。

為應對氣候危機進行投資

為了拯救地球必須優先進行的投資

「簡直就像末日過後。」

2021 年 7 月，災難級熱浪襲擊了北美大陸。位於溫哥華東部的小鎮利頓的最高氣溫飆升到了將近攝氏 50 度。這次的熱浪是八十四年來最嚴重的一次。不僅是加拿大，美國也有許多人死於高溫，奧勒岡州波特蘭的居民紛紛離家並躲到了避暑中心。

氣象學家們指出，這次的熱浪是「熱穹（Heat Dome）現象」所致。熱穹現象指在噴射氣流減弱的狀態下，高氣壓停滯在特定地區，使得高溫乾燥的空氣被悶在一個半球體裡的現象。也就是說，襲擊北美西部的熱穹將噴射氣流推向北方，阻擋了北方的冷空氣下降。這個致命的酷暑是氣候變遷造成之可預見的危害。若全世界不積極應對氣候危機，這次襲擊北美大陸的熱浪將只會是全球大災難的序幕。

誰都有可能成為氣候難民

氣候危機正不斷地在惡化，今後可能會有越來越多人因為酷

暑、乾旱等自然災害而不得不離開自己的家園。我們稱這些人為
「氣候難民」。在最低度開發國家，有許多人因為嚴重的乾旱和暴
風而陷入糧食短缺、住房短缺困境，正在逐漸成為氣候難民。2020
年，宏都拉斯、瓜地馬拉、薩爾瓦多等中南美國家遭受了兩次巨大
颶風的襲擊，這些國家的國民紛紛前往了美國。

聯合國難民署（UNHCR）在 2020 年的年度報告中指出，全
球難民和無國籍人士高達 7950 萬名。除了突如其來的災難外，有
人是因為氣候變遷導致的糧食緊缺、水資源短缺等問題而成了難
民。海平面上升又是另一個威脅。這三十年來，海平面上升風險較
高的海岸地區居民從 1 億 6000 萬名增加到了 2 億 6000 萬名。其
中，90％的人來自貧窮的發展中國家和小島嶼國家。有預測指出，
2050 年，孟加拉將因為海平面上升而有 17％的國土被淹沒，預計
有 2000 萬名當地居民將因此失去家園。

總部位於澳洲的國際智庫「經濟與和平研究所」（Institute for
Economics and Peace）每年都會分析各大世界機構公開的資料後發
表《生態威脅報告》（Ecological Threat Register）。其主要內容是
分析各國暴露於人口增加、水資源不足、糧食短缺以及氣候變遷造
成的乾旱、洪水、海平面上升等威脅因素的程度。這份報告指出，
到了 2050 年，總共會有 141 個國家至少面臨一種威脅，其中有 19
個國家至少會面臨 4 種生態威脅，且這些國家的人口共將近 21 億。

對此問題，各國紛紛採取了應對措施。有的國家已經因為氣
候變遷引發災害，而讓國民移居到了其他地區。印度就有 500 萬人

移居到了另一片土地，菲律賓、孟加拉、中國約讓 400 萬人移居他鄉，美國則約有 90 萬人搬到了其他地區。

為應對氣候危機，必須提前做好五項投資

2012 年襲擊美國紐約的颶風珊迪造成了 650 億美元的損失。其中，相當於 13％的損失額主要是氣候變遷造成的海平面上升問題所致。由專門研究氣候變遷的科學家和記者所組成的美國研究組織「氣候中心」、史蒂文斯理工學院、羅格斯大學的共同研究團隊找出了海平面上升的原因。他們指出，過去一百多年紐約地區的海平面上升總量中，55％是全球暖化所致。海平面上升、暴風、海嘯正在襲擊全世界數百萬戶居住在沿海地區的家庭。海平面上升也是造成邁阿密公寓大樓倒塌事故發生的主要原因之一。

此外，氣候變遷還會導致農作物產量減少、水資源短缺，使發展中國家陷入更嚴重的貧困狀態。極端氣候給最貧窮、最脆弱的族群帶來了更致命的影響。為了緩解這些災害，我們必須在還來得及的時候積極對以下五個方面進行投資。

1. 為建立預警系統進行投資

為了應對氣旋、乾旱、洪水、熱浪、森林大火等極端氣候，我們必須改善預警系統。孟加拉就是證明了這個系統具有驚人效果

的好例子。1970 年氣旋波拉襲擊了低窪地區的國家，導致至少 30
萬人死亡，並造成了巨大的損失。在那之後，孟加拉啟動了氣旋應
對計畫，蓋了數千個避難所，並投資了預警系統。2017 年氣旋莫
拉來襲時，孟加拉緊急疏散了數十萬人，死亡人數只有十幾個人。
與過去相比，其大幅降低了損失規模。像這樣，提前做好規劃，以
迅速應對自然災害非常地重要。隨著氣候和天氣模型不斷地發展，
我們可以建立具體的情景規劃。

2. 為建設應對海平面上升的基礎建設進行投資

美國奧勒岡大學和威斯康辛大學麥迪遜分校的研究團隊警
告，2033 年，位於美國海岸附近的長達 6500 多公里的網路電纜和
1000 多個資料中心，將有可能因為海平面上升而被淹沒。問題是
地下網路電纜不像海底電纜會經過防水處理。紐約、邁阿密和西雅
圖被歸為了美國最危險的城市。然而這並不是只有美國會面臨的問
題。各國在維護現有網路設施或規劃建造新的網路設施時，都得考
慮到這點才行。

不僅是網路基礎設施，資料中心的營運也要考慮到環境。讓
第四次工業革命的主角們——自動駕駛、雲端、AI、大數據能正常
運作的核心基礎設施裡的資料中心，也被認為是導致全球暖化的罪
魁禍首之一。這是因為其耗電量非常地大。因此對相關企業來說，
建造一個能環保地營運資料中心的基礎設施將是一大課題。

此外，基於高能源效率建設住宅或產業基礎設施時，將氣候

變遷的影響納入考量範圍也將有助於減少氣候危機造成的經濟損失。拜登政府推出了規模高達 2 兆美元的基礎設施計畫，其重點就是抵禦全球暖化。

3. 為糧食安全進行農業投資

若全球暖化加劇，將有可能會導致水的可用性下降、害蟲和疾病蔓延全世界。現在就已經有許多國家因為氣候惡劣，農作物被毀而無法正常流通糧食。氣候變遷正在使撒哈拉以南非洲等脆弱地區的作物產量逐漸減少。

20 世紀下半葉，在綠色革命期間掀起的科學創新大幅增加了糧食產量。現在，這個科學創新應該要引領新的變化，而不是滿足於現狀。首先，我們應該要研究、投資能夠抵禦各種氣候變遷的耐候性作物，並利用各種菌株和農業療法來提升農業韌性，以抵禦害蟲、疾病和氣候變遷。此外，我們還迫切需要發展科學技術、更完善地管理土地，並建立應對氣候危機的解決方案。唯有各國參與並投資糧食安全領域，人類才能在今後發生災難時拯救生命。

4. 為水資源安全進行技術投資

國際科學期刊《自然》指出，全世界 80％以上的人口都面臨著水資源安全的威脅。若說 20 世紀的戰爭是石油爭奪戰，那 21 世紀的戰爭就是為水而戰。缺乏水資源會對人類的生存和產業活動造成致命的影響。氣候變遷引發的乾旱和洪水會導致人類難以供應乾

淨的水資源，地區之間的水資源競爭則會引發衝突。

因此，為了水資源安全，各國應進行大規模投資來建設與維護各種基礎設施。用於監控及管理水資源和水災的衛星產業技術也正在變得越來越重要。韓國就制訂了「水資源衛星開發及營運基本計畫」。為了觀測氣候變遷和災害監控系統、水庫等水利設施的變化，韓國環境部和水資源公社計畫從 2022 年到 2025 年投入 1427 億韓元開發水資源成像衛星「第五號新一代中型衛星」。

5. 為恢復重要生態系統進行投資

聯合國環境規劃署（UNEP）將 2021 年定為了「生態系統復原十年」倡議的第一年。這是因為技術雖然能減少自然災害造成的損失，但仍存在著局限性。舉例來說，沿海地帶茂盛的紅樹林具有天然的防洪功能，能保護低窪沿海地帶免受暴風雨的襲擊，而且紅樹林吸收的二氧化碳比其他生態系統最多多 10 倍。不幸的是，全球 35％的紅樹林已遭到破壞。因此，我們必須要致力於恢復生態系統，以適應氣候變遷。

企業們也正在為此付出努力。中國最大的 IT 企業騰訊目前在打造的「網路城市」就計畫建設分散式網路等高科技設施和保護紅樹林等的環境保護基礎設施，以建造一座永續發展的城市。韓國電池大廠 SK 創新（SK Innovation）則正在越南和緬甸推動「紅樹林恢復事業」，將其作為 ESG 管理的一個環節。

灘塗也是進行生態系統恢復的主要對象之一。首爾大學金鐘

成教授的研究團隊發現，韓國的灘塗蘊藏著約 1300 萬噸的碳，每年會吸收 26 萬噸的二氧化碳。為了在海洋領域實現碳中和，韓國海洋水產部正在推動灘塗恢復事業，並計畫從 2022 年開始推動在灘塗種植鹽生植物的新事業，來擴大灘塗藍碳的潛力。從全球範圍來看，為了防止土地退化，恢復 30％的生態系統並與鄰國進行林業合作的全球模式正在擴散。

　　如上所述，為了適應氣候變遷，我們必須採取各種方案及措施。首先，我們要保護自然生態系統，並加強糧食和水資源安全。我們還必須在接下來的數十年內，建設各種能靈活營運的基礎設施，才能改善數十億人的生活。最重要的是，唯有立即進行投資，才能省下數兆美元並拯救人類的性命。我們已經沒有時間可以再蹉跎了。

無碳能源產業

氣候危機時代，新及再生能源的宏圖

2031 年，泰國曼谷總面積的 40％將面臨被淹沒的危機。擁有 1200 萬人口的曼谷在過去數十年取得了爆發性的成長。不過，由於是在沼澤沿海地區蓋高樓大廈與高速公路，混凝土和鋼鐵的重量不斷擠壓著底下柔軟的土地，曼谷的土壤每年都在下沉。

早在 2010 年，曼谷部分地區就已沉到了海平面以下，而且這個狀況仍在持續惡化。隨著全球暖化造成海平面上升，曼谷的海岸線每年都會被侵蝕 4 公分。季風雨的侵襲變得越來越嚴重，洪水不僅發生時間變長，還變得更具破壞性。此外城市居民非法提取地下水販售的現象，也導致土壤更加鬆動並助長了地層下陷。

曼谷今後幾年的情況將會日益惡化，整個城市被拋棄的可怕想像將有可能成為現實。然而這並不是只有曼谷可能會面臨的未來。歐洲環境署（EEA）指出，在 1900 年之後，全世界的海平面上升了 20 公分左右。由於冰川融化速度加快，到了 21 世紀末，海平面最多可能會上升 80 公分左右。荷蘭 NUS 環境研究所的研究團隊則悲觀地預測，全世界將有 4 億多人可能會因為海平面上升而失去家園。

100％轉換為新及再生能源的時代是否會到來？

　　氣候變遷正逐漸在給人類帶來黑暗的未來。在這種緊急情況下，不僅是主要強國，企業和全球領導人也都在加快避免氣候災難發生的步伐。

　　從 2014 年開始推廣的國際倡議行動「RE100」就是其中一個例子。RE100 為「再生能源（Renewable Energy）100％」的縮寫，是全球非營利組織「氣候組織」（The Climate Group）和全球環境管理認證機構「碳揭露計畫」（Carbon Disclosure Project）主導的倡議，其目標是在 2050 年之前讓企業用電 100％轉換成使用再生能源。

　　當然，這個過程涉及到各種利害關係。為了掌握新及再生能源時代的霸權，強國之間的爭奪戰和各大企業的策略時時刻刻都在發生變化。但人類若再不實現碳中和及再生能源的轉換，終將面臨大災難，這點是無庸置疑的。也就是說，轉向再生能源是人類面臨的首要課題。

　　2017 年，史丹佛大學的馬克·雅各布森（Mark Jacobson）教授提出了一個促進包括美國在內的 139 個國家在 2050 年之前 100％使用再生能源的藍圖。他利用電腦建模證明了再生能源發電優於傳統能源發電。其祕訣在於電力的儲能方式。若將儲電、儲熱、低溫儲能、儲氫設備與再生能源發電設備結合在一起，便能以乾淨的再生能源供應所有的電能。

　　加利福尼亞大學爾灣分校的史蒂芬・戴維斯（Steven Davis）教授擔心，當風能、太陽能等變動性較大的能源比重增加到 80％以上時，會出現技術經濟方面的問題。因為這些能源無法即時滿足能源需求，目前也還沒有開發出經濟效益高的大容量儲能技術。不過戴維斯教授也預測，如果能壓低先把使用核心再生能源生產的電力轉換為燃料，之後再將其轉換成電力的技術的商業化成本，那麼將能大幅降低 100％再生能源系統的總成本。

　　為了實現「100％使用再生能源」這個目標，企業必須積極參與。這也就是為什麼 RE100 國際倡議行動會如此重要。每年用電量超過 100 吉瓦時（GWh）的企業若加入這個行動，就必須在加入後的一年內提交中長期再生能源用電計畫，並每年都接受檢查、確認實施情況。只不過 RE100 並不是由政府或國際機構強制要求企業參與的行動，而是由企業自發性地參與。截至 2021 年 6 月底，全世界已經有 310 多家企業參與了 RE100，包括蘋果、Google、微軟等科技巨頭。

　　反觀韓國，韓國企業們為難地表示「國內缺乏再生能源的基礎設施」。綠色和平組織發表的一份報告指出，對企業們來說，國內再生能源供應量的局限性和再生能源的電力價格將會是阻礙。目前加入 RE100 的韓國企業有 SK 海力士、包含 SK 電訊在內的 SK 集團的八個子公司、愛茉莉太平洋、LG 能源解決方案、現代汽車集團等企業，但與加入 RE100 的其他國家的企業相比，韓國企業的目標期限較長，提出的計畫內容也不夠具體。

　　韓國企業延遲轉向再生能源，可能會導致企業競爭力下降，因為美國和歐盟已經開始要求將氣候應對方案加入貿易政策裡了。若不減少碳排放，企業的成本負擔將變得非常沉重。轉向 100％再生能源是不可抗拒的時代要求。

　　托尼・塞巴教授在《能源革命 2030》中寫道，「石器時代會結束，並不是因為人類用盡了石頭，而是因為更優良的技術『青銅器』取代了石器」，當今的能源現狀也是如此。無關乎化石燃料是否枯竭，隨著再生能源的發電成本在先進技術的發展下逐漸下降，全球能源資源也在發生變化。聯合國提出的 2016 至 2030 年的永續發展目標中，第七項目標就是使用再生資源和能源。

為實現碳中和社會，城市將發揮哪些作用？

　　「城市將決定氣候戰役的勝敗，市長是處理氣候緊急情況的應急人員。」2019 年，聯合國祕書長安東尼歐・古特瑞斯（Antonio Guterres）在 C40 全球市長峰會上強調了城市在碳中和方面發揮著重大的作用。

　　目前，城市的能源需求占全球的三分之二，也就是說，城市的碳排放量占全球的 70％。都市化正在以發展中國家為中心快速發展，因此 2050 年全世界預計會有 70％左右的人口住在城市。而為了實現碳中和，城市的作用將會變得更重要。各機構和企業有望

在廣泛領域開展各種可以加速城市碳中和的事業。

舉例來說，為了減少建築物的碳排放，我們可以利用「熱泵」將建築物的供暖系統電氣化。在美國，加利福尼亞等地區的地方政府就已經以新建築物為中心，禁止人們在建築物內使用天然氣、強制實施電氣化了。建築物電氣化不僅有助於碳中和，也比較有益於居住者的健康和安全，擁有各種優勢，因此我們沒有理由猶豫是否要實施建築物電氣化。此外，為了實現交通運輸電氣化，地方自治團體還計畫積極為購買電動汽車的消費者提供支援，並擴大充電基礎設施，政府則會先推動公車與貨車等中大型車輛的電氣化。

在美國，加利福尼亞等 15 個州簽署了旨在實現中大型車輛電氣化的《多州中與重型零排放汽車備忘錄》（Multi-State Medium- and Heavy-Duty Zero Emission Vehicle Memorandum of Understanding），並將目標定為在 2030 年之前將各地區中大型車銷量的 30％轉換為電動汽車，2050 年之前實現 100％電氣化。

2021 年初，由托尼‧塞巴教授和馬克‧雅各布森教授組成的「全球 100％再生能源策略小組」發表了一份共同聲明，這份聲明主張，全世界的電力領域將能在 2030 年、所有領域將能在 2035 年 100％轉向再生能源。托尼‧塞巴教授還預測，人類將能在 2030 年前實現基於「太陽能＋風能＋電池」（SWB）的 100％再生能源經濟，且豐富的「零邊際成本電力」將使各種事業模式出現。

新及再生能源：引領「去石油化」時代的核心

　　若新冠疫情有所好轉，以已開發國家為中心的各國政府將會為了刺激經濟，增加對環保基礎設施的投資。太陽能等新及再生能源的普及速度將因此進一步加快。隨著拜登政府上台、美國重返《巴黎協定》（Paris Agreement），新及再生能源有望大幅普及。

　　彭博新能源財經的《2020 新能源展望》（NEO 2020）預測，在接下來的三十年，將投資於新發電設備的 15 兆 1000 億美元中，有 80％會是太陽能、風能、儲能系統（ESS）等新及再生能源。此外，到了 2050 年，新及再生能源將為全世界提供 56％的電力。

　　在新及再生能源中，最值得我們關注的是「太陽能」。太陽能市場自 2000 年起幾乎每年都成長 40％以上。若這種趨勢持續發展下去，太陽能很快就會在全球能源生產量中占 100％。如果中國和美國保持穩定的需求，且發展中國家重啟因新冠疫情而被推延的太陽能計畫，2021 年全球太陽光電裝置量將比前一年增加 20％以上，超過 180 吉瓦。如果全球經濟穩定下來，2022 年將會出現高達 200 吉瓦的太陽能需求。與 2017 年的需求相比，這會是五年來首次增加將近 2 倍。

　　彭博新能源財經估算，2021 年全球太陽光電裝置量規模為 151 吉瓦到 194 吉瓦。若裝置量達到 194 吉瓦，將有望較前一年成長 45％以上。韓國也將從新萬金的大規模計畫開始推動太陽能發電事業。為了成為碳中和國家，韓國將制訂具體目標並付諸行動，

其太陽能市場規模將逐漸擴大。2020 年，韓國的太陽能市場規模只有 3.8 吉瓦，但 2021 年將成長到超過 4 吉瓦。

除了太陽能之外，另一個值得我們關注的再生能源為「風能」。過去十年，風力發電推動了海洋再生能源領域的發展，風能被認為是遊戲規則改變者。此外，隨著各大企業加強最近成為熱門話題的 ESG 管理，風能也被人們認為是生產綠氫的主要能源，備受人們關注。綠氫是利用風能電解水後產生的能源。

2020 年，全球風力發電安裝量較前一年增加了 59.2％，以 96.8 吉瓦創下歷史新高。雖然當初預估風力發電的需求會因為受到新冠疫情的影響而下降，但占全球需求 60％的中國風力發電安裝量較前一年增加了 93.3％，全球風力發電安裝量因此大幅增加。

與陸上風電相比，海上風電的安裝量仍然不夠，發電成本和安裝成本也比較高，因此仍處於市場初期。此外，中國和美國的安裝量占全球的 82.4％，風電安裝集中在部分地區。不過規模最大的中國些微下調了安裝量，因此全球整體需求預計會下降。但從長期來看，風力發電的需求有望持續增加。彭博新能源財經預測，全球海上風電市場規模將從 2019 年的 29.1 吉瓦擴大到 2030 年的 177 吉瓦。

海洋再生能源和氫能

在海洋再生能源領域，我們還需要關注「潮汐能」。海洋會產生大量的脫碳能源。打在海岸上的海浪具有巨大的能量，光是一公尺的海岸線就足以為平均五戶家庭供電，暴風期間還會產生更多潮汐能。

太陽能和風能是全球成長速度最快的再生能源供應型態，但在需求量大時，風力和太陽光的最佳條件具有變異性，反觀約占地球面積三分之二的大海，其可以無限使用蘊藏於海浪和潮水的能量。

「氫能」跟海洋再生能源一樣，被認為是轉向低碳經濟過程中的遊戲規則改變者。首先，氫氣可以在電解各種再生能源後大規模儲存。從長遠來看，這種氫氣儲存方式可以在發生能源供需衝擊時發揮緩衝作用。此外，氫氣管線網路有望成為最具經濟效益的運輸方式，因為其成本只有使用輸電線路的十八分之一，且能傳送 10 倍的能源。除此之外，氫氣還能幫助鋼鐵、煉油、石油化學、肥料等難以減碳的領域脫碳。

目前全世界在進行的氫能計畫高達 200 多個，預計在 2030 年之前投資額會達到 3500 億美元。德國的特殊目的公司 H2 Mobility 在德國的 7 個大都市和高速公路建了 91 個加氫站，其目標是建設 100 個加氫站。韓國也決定根據《氫經濟路線圖》在 2040 年之前製造 620 萬輛氫能汽車、4 萬輛氫能公車並建設 1200 個加氫站，

以成為主要氫氣進口國。

能源的未來：清潔能源U型曲線

太陽能發電、陸上風能和鋰離子電池的經濟效益將主導能源領域的破壞性創新。相關技術的成本和功能在這數十年來持續得到了改善。自 2010 年以來，太陽能發電成本下降了 80% 以上，陸上風電成本下降了 45% 以上，鋰離子電池成本則幾乎下降了 90%。

對於這樣的成本改善情況，我們可以做出一貫的預測，各項技術將在整個 2020 年代橫穿經驗曲線。在發電量方面，傳統的煤炭、天然氣和核電廠已經不是太陽能和風能設備的對手了。這意味著現有能源技術將不可避免地遭到破壞。然而，政策制訂者、投資人和一般大眾到現在都還認為「太陽能發電和風力發電如果沒有電池儲能系統，便無法供應 100% 的電力」。

但其實，如果將用來顯示發電量和儲能量關係的「清潔能源 U 型曲線」進行最佳化，不僅能做出一個能供應 100% 電力的 SWB 系統，還能以最低的成本使用這個系統。隨著 SWB 被加速使用，「清潔能源超級大國」將會利用這項技術，以趨近零的邊際成本生產越來越多的多餘能源。SWB 系統的容量必須設計成能在一年中最困難的時期百分之百滿足電力需求，因此 SWB 系統能在其他時期生產更多的電力。過剩的清潔能源將會為社會、經濟和環境開啟

另一扇新的可能性的大門。

除了電氣化之外，超級大國還能為海水淡化和過濾、道路運輸、住宅和工業供暖、廢棄物管理、工業和化學程序等廣泛的碳密集型服務提供清潔能源。若能在幾乎所有地方安裝各種規模的太陽能光電設備和電池，能源的生產將會本地化、分散化、民主化。

這種比較穩定、靈活的新能源生產系統不僅能幫助低度開發國家和社區克服發展阻礙，還能縮小貧富差距和不平等的差距。

新及再生能源企業大躍進，將帶給石油巨頭們威脅

新及再生能源問題使得過去一百年來左右全球能源市場的「石油巨頭」（全球七大石油集團公司）在公司經營時受到了致命的影響。石油巨頭創下了有史以來最差的業績，在適應劇變的企業環境時也遭遇了重重困難，新及再生能源企業則在以極快的速度，緊隨在石油巨頭之後。

全球最大能源企業埃克森美孚（ExxonMobil）因新冠大流行導致石油需求減少，而直接受到了重創，光是 2020 年第一至第三季度的累計赤字就達到了 24 億美元。總市值一度位居第一的埃克森美孚九十二年來首次被剔除出了「道瓊工業平均指數」。在那之後，埃克森美孚順應全球脫碳趨勢，成立了碳捕集相關部門。埃克森美孚雖然曾是全球最大的碳捕集企業，但由於缺乏經濟效益，對

於引進相關技術，其本來是抱持著否定的態度。但看到拜登政府宣布「2050 年碳中和」、積極對環保能源轉型和引進相關技術提供支援，埃克森美孚跟著擴大了相關投資，並表示將在 2025 年前投資 30 億美元。

不僅是埃克森美孚，其他石油巨頭也感受到了危機，而紛紛在制訂新的事業策略，以存活下來。其中，英國石油企業 BP 是最積極地在追求變化的傳統能源企業。BP 表示，其將在未來十年內，將減排事業的投資額增加到每年 50 億美元，並減少 40% 的石油和天然氣產量，同時擴大對新及再生能源事業的投資，蛻變為綜合能源公司。西班牙最大的能源企業西班牙國家石油公司也發表了計畫，表示將在 2030 年之前減少石油事業的比重，並將再生能源的比重增加 5 倍。

在石油能源企業謀求轉型時，各大新及再生能源開發公司取得了驚人的進展。美國的新紀元能源（NextEra Energy）、丹麥的沃旭能源（Ørsted）、西班牙的伊比德羅拉（Iberdrola）等在全球各地主導太陽能光電和風電計畫的企業以極快的速度變成了新興能源領域的強者。2020 年 10 月，新紀元能源的總市值甚至一度飆升到將近 1500 億美元，超過了埃克森美孚的企業價值。對於新紀元能源的總市值排名一度超越埃克森美孚這件事，市場專家們表示，「這就像是一顆信號彈，宣告了石油時代走向終結、能源市場開始世代交替」。

2020 年 BP 發表的《世界能源展望》報告預測，2020 年後全

球石油需求將不會再增加。也就是說，BP 做出了「石油需求已見頂」的驚人分析。煉油產業今後將走向沒落，向新及再生能源轉型的速度則會進一步加快。

為了阻止全球暖化而改變的飲食習慣

美國的新技術研究所 RethinkX 在《反思氣候變遷》報告中指出，改變能源、運輸、食品這三個主要產業可以減少全球 90％以上的溫室氣體淨排放量。這份報告還指出，人類可以透過精密發酵和細胞農業，減少畜牧業的溫室氣體排放量。也就是說，人類可以透過精密發酵技術，利用酵母等微生物宿主生產蛋白質和脂肪，也可以透過細胞農業技術，利用少量的動物細胞在實驗室裡培植肉類。使用這些技術，食品產業將能製造出安全、環保又可以代替傳統肉類、乳製品和其他肉類相關產品的蛋白質。

破壞環境的畜牧業將迎來何種結局？

畜牧業約占美國溫室氣體總排放量的 8％。肉牛和乳牛不僅會透過腸道發酵和糞便排放甲烷、導致土地發生變化，還會在生產飼料、消耗能源、運輸的過程中間接排放溫室氣體，是甲烷和溫室氣體的最大排放源。雖然生產和流通的估計值不同，但聯合國糧食及農業組織的數據顯示，牛占美國畜牧業溫室氣體排放量的 78％。

RethinkX 的《反思氣候變遷》報告還強調，政府應該取消食品產業的畜牧業補貼。根據農業公平聯盟（Agriculture Fairness Alliance）的資料顯示，2020 年美國政府投入了 500 多億美元在農業補貼和紓困上，且大部分都被用於肉類和乳製品產業。

RethinkX 強調，「雖然終止補貼不可避免地會導致混亂，但光靠技術難以實現溫室氣體淨零排放或避免氣候變遷帶來的危險。因此，政府必須做出與畜牧業相關的重大社會選擇」，替代性肉品開發的重要性進一步被凸顯了出來。

凱薩琳・塔布（Catherine Tubb）教授和托尼・塞巴教授主張「畜牧業是世界上歷史最悠久、規模最大但效率最低的食品生產系統之一」。雖然透過精密發酵生產的動物性蛋白質的成本在 2000 年時為每公斤 100 萬美元，但現在已經降到了每公斤 100 美元。若這個趨勢持續發展下去，到了 2030 年，這種動物性蛋白質將會變得比傳統動物性蛋白質便宜 5 倍，2035 年時則會便宜 10 倍。

美國研究機構 MarketsandMarkets 指出，雖然 2018 年的全球替代性肉品市場規模只有 46 億美元，但到了 2023 年，其有望在 6% 的複合年均成長率下成長到 63 億美元，亞太地區的替代性肉品市場更是能以 8% 以上的複合年均成長率成長，因此傳統畜牧業將不可避免地陷入危機。

RethinkX 發表的報告《反思食品與農業 2020 ～ 2030》指出，將導致農業和畜牧業消失的「新食品技術」是 2020 年值得關注的一項技術。這份報告預測，到了 2030 年，畜牧業農家將會消失。

無論是植物性肉類，還是透過細胞農業培養的培植肉，替代肉類的技術將越來越有價格競爭力，畜牧業和酪農業將因此走向崩潰。這份報告還預測，到了 2030 年，美國的奶牛數量將減少 50％、牛肉市場規模將下降 70％，乳製品市場將下降近 90％。

然而未必只有美國會迎來這種未來，韓國也有可能比預想的還要更快引進培植肉。像這樣，畜牧業的模式正不可避免地在發生急遽的變化，培植肉的生產成本也在逐漸下降。現在該是畜牧業制訂新的發展藍圖的時候了。

人類研發的最符合倫理、最具營養價值且在環境方面具有永續性的蛋白質生產系統將在接下來的十年內問世。基於幹細胞的「細胞農業」能在任何地方生產含有更多營養素且碳足跡比傳統家畜少的牛肉、雞肉、魚肉。融合生物技術、材料科學、機器學習和農業資訊科技，將能實現這種元趨勢。

培植肉：能大幅降低環境成本

培植肉將徹底改變世界。培植肉會比傳統畜牧業少使用 99％的土地和 82％～ 96％的水，並且會將溫室氣體排放量減少到 78％～ 96％。能源消耗量則會根據肉品種類減少 7％～ 45％。

在這個過程中，培植肉能提供足夠的森林來克服生物多樣性危機並減緩全球暖化。此外，培植肉不僅能為全球飢餓問題提供符

合倫理、環保的解決方案，它還能幫助個人增進健康。因為是利用
幹細胞培養的漢堡肉，因此可以增加有用的蛋白質、減少飽和脂
肪，還可以添加維生素等，做出健康的快餐。

　　此外，生產培植肉不會用到抗生素。考慮到傳統肉類有狂牛
病等疾病的風險，未來的肉類消費將會變得更安全。實際上，新興
疾病有 70％源自家畜，因此我們可以透過改變肉類的生產方式，
來減輕全球疾病負擔，並降低發生傳染病的風險。

　　到了 2030 年，無論我們人在哪裡，都將能收到營養價值比家
畜的肉類高的訂製培植肉。此外，我們無須外出採購食物。我們可
以透過垂直農業和無人機配送，在自家門前領取食材，然後按照最
適合自己身體的食譜，在家裡用 3D 列印機列印食品。

　　2020 年，培植肉產業的領頭羊「曼菲斯肉品」（Memphis
Meats）從軟銀（SoftBank）、Norwest、淡馬錫（Temasek）等投資
企業獲得了 1 億 6100 萬美元的 B 輪融資，再次取得了重要進展。
這個金額遠大於其他所有肉類企業公開的投資額。

　　在紐約證券交易所上市並大獲成功的「超越肉類公司」
（Beyond Meat）是使用植物性蛋白質製作肉品的公司。據說，有
別於現有素肉，超越肉類公司的素肉口感與真的牛肉非常相似。超
越肉類公司是目前最受全球關注的一家替代肉新創企業，2020 年
其銷售額達到了 4 億 680 萬美元，增長趨勢也相當強勁。

　　在韓國，食品科技公司 CellMEAT 正在基於細胞培養技術開
發培植肉生產技術。CellMEAT 擁有生產培植肉時不可或缺的細胞

培養技術和經濟效益高的細胞培養液的原始開發技術。其目前正在利用工程技術，研發能夠高度重現肉類各個部位的口感的技術。2021 年，CellMEAT 獲得了 50 億韓元的 Pre-A 輪投資，現在正在致力於開發量產技術。

　　雖然韓國政府目前有在再生能源領域進行大規模的投資，但缺乏對再生肉開發的投資。為了擴大培植肉的生產，政府應該持續提供支援來解決各種問題並提高效率。考慮到畜牧業出現了模式變化、肉類生產得到了突破性的改善，現在該是政府出面發揮重要作用的時候了。

新一代的代表性交通工具

比飛機還快的超迴路列車的時代即將到來

「我們計畫在洛杉磯建造一個巨大的隧道網路。從洛杉磯到舊金山原本需要 6 個小時，但未來將只需要 30 分鐘。汽車會在進入管狀隧道後，在真空狀態下靠磁場移動，最高時速可達 200 公里。」

「搞什麼？又開始了。這個人是要做夢到什麼時候啊？」

2013 年，伊隆・馬斯克宣布將引進現在的超迴路列車的概念時，比起驚訝，人們表現出了冷嘲熱諷的態度。「無聊公司」（Boring Company）是一家專門在推動超迴路列車計畫的公司，公司名稱蘊含著馬斯克平時的座右銘「討厭無聊的生活」。

五年後，馬斯克演示了在長達 1.83 公里的軌道上運行 Model X 的場面。當時 Model X 從馬斯克的太空探索企業 SpaceX 的總部所在地，也就是從洛杉磯南部的霍桑出發，開到了洛杉磯國際機場附近的 105 號州際公路。

全世界將超迴路列車視為未來交通工具的原因

　　超迴路列車並不是一個全新的概念。伊隆・馬斯克提出的超迴路列車的核心設計概念深受真空火車（Vactrain）的影響。真空火車是美國物理學家兼火箭科學家羅伯特・戈達德（Robert Goddard）提出的概念，這個概念還在 1945 年取得了專利。超迴路列車的基礎理論始於 18 世紀英國工程師喬治・麥德赫斯特（George Medhurst）提出的想法：在鑄鐵管裡利用空氣壓力拉動貨物前進。在那之後，人們不斷進行各種嘗試來鞏固這套理論，真空火車逐漸進化成了現在的超迴路列車。

　　超迴路列車是一種可以載人或貨物的膠囊型列車在高真空狀態的管道內移動的交通工具。超迴路列車會利用磁場獲得推進力，並向地面噴射空氣來減少摩擦力。此時需要的電力來自包住真空管外壁的太陽能板。運送艙底部裝有磁鐵，隧道地面則有磁場流動，因此當運送艙經過隧道時，運送艙前方會產生拉力，後方則會產生推力，使運送艙前進。

　　由於隧道內部為高真空狀態，因此空氣摩擦小。也因為如此，理論上運送艙的速度可以達到每小時 1200 公里，比波音 737 的時速 780 公里快。更重要的是，其自動駕駛系統使用的是再生能源，因此可以大幅減少生產成本和營運成本。這也就是為什麼全世界都對超迴路列車抱持著興趣。

　　城市人口集中現象是全世界面臨的一大難題。因為湧向市中

心的人越多，汽車就越多，交通也就越混亂，而且還會引起霧霾、公害等環境問題。而脫離市中心複雜的道路、在管道內移動的超迴路列車是最有望一次解決掉這些問題的交通工具。隨著多年來各大企業進行公開測試，超迴路列車這個強而有力的新一代交通工具，受到越來越高度的關注。

誰將引領超迴路列車的未來？

美國是目前最積極開發超迴路列車的國家。這是因為美國的代表性火車「美鐵」（Amtrak）老化得非常嚴重。美國成立了「新興交通技術委員會」（The Non-Traditional and Emerging Transportation Technology Council），目前正在就包含超高速交通工具在內的未來交通工具積極地進行討論。2017 年，聯邦政府批准了無聊公司正在推動的「紐約－華盛頓特區」超迴路列車計畫，各地方政府則在階段性地放寬相關法規、發放許可證。

在政府的支援下，美國正在以民營企業為中心全面發展技術，目前主要有伊隆·馬斯克的無聊公司、基於航太技術的維珍超迴路列車（Virgin Hyperloop）、超迴路列車運輸科技（Hyperloop Transportation Technology，HTT）等企業。

2020 年，維珍超迴路列車在位於美國內華達州拉斯維加斯的 DevLoop 測試站首次完成了載人測試。當時的乘客是執行長喬許·

蓋格爾（Josh Giegel）和董事薩拉‧盧奇安（Sara Luchian），而載著這兩個人的維珍超迴路列車以每小時 172 公里的速度完成了測試。雖然其測試速度遠低於超迴路列車的最終目標時速 1223 公里，但他們在一定程度上驗證了載人時最令人擔憂的部分——安全性。

該測試成功後，維珍超迴路列車表示，他們將在 2025 年之前完成安全認證，並在 2030 年之前開始營運 28 人座的超迴路列車。除了技術開發之外，維珍超迴路列車也正在致力於簽訂超迴路列車的路線建設協議。美國、歐洲、沙烏地阿拉伯、印度等國已經與其簽訂了協議或正在與其進行協議。

若維珍超迴路列車實現商業化，從紐約到華盛頓特區將只需要 30 分鐘（車程 5 小時、飛機 1 小時），從舊金山到洛杉磯則只需要 35 分鐘（車程 7 小時、飛機 1 小時）。如果先將其用於物流和送貨，將有望節省倉儲成本、縮短送貨時間，經濟將因此受到巨大的影響。

2021 年初，超迴路列車運輸科技首次公開了超迴路列車車站、隧道等設施的設計，其超迴路列車的車身約為 32 公尺、重量約為 5 公噸。目前正在阿拉伯聯合大公國建設的「杜拜—阿布達比」的部分路段計畫會在一至兩年內開始營運。被稱為「Pod」的膠囊型車廂所使用的新材料「汎金屬」的硬度比鋼鐵高 10 倍以上、重量比鋼鐵輕 5 倍且耐久性高，因此受到了人們的關注。

這項設施的目標是在阿拉伯聯合大公國成功試運行後，從 2023 年開始在美國動工，2028 年開始營運。美國的行駛路線是從

俄亥俄州的克里夫蘭到伊利諾伊州的芝加哥。其計畫在 31 分鐘內行駛約 506 公里，每天運送 16 萬 4000 多人次。

　　歐洲的代表性企業為荷蘭企業「哈特超迴路列車」（Hardt Hyperloop）。該公司開發出了能在保持超迴路列車車速的情況下變換軌道的技術。其在荷蘭建造了一個 30 公尺長的測試設施，並演示了全球第一個超迴路列車的路線變更系統。現有的超迴路列車會像火車一樣變換軌道，但哈特超迴路列車會像車輛在高速公路上自由地經過收費站和出入口一樣，車廂本身在極高的速度下變更路線，其最大限度地提高了超迴路列車的應用效率。哈特預計會在 2022 年之前建成歐洲超迴路列車中心。

　　加拿大的 TransPod 目前則正在法國建造測試軌道，其目標是在 2030 年推出能在 1 小時內從巴黎開到凡爾賽的超迴路列車。此外，TransPod 還正在設法研發出比歐洲高速鐵路便宜 30％的超迴路列車。

在開啟交通創新的黃金時期前，
超迴路列車必須完成的課題

　　從洛杉磯到舊金山需要 6 ～ 7 個小時的車程，搭飛機則需要 1 小時左右。但如果搭乘超迴路列車，只需要 35 分鐘。此外，超迴路列車的商業化今後將會在「最後一哩路服務」等物流、配送領域

引領創新。隨著送貨時間縮短、物流成本下降，超迴路列車將會對運輸和物流產業的發展帶來正面影響。像這樣，超迴路列車將把一切都提升到另一個層次，並讓人們懷抱更大的夢想。

「超迴路列車不僅將重新定義日常生活中距離的概念，還將減少運輸與物流業的碳足跡。超迴路列車還能大幅提升電子商務領域的效率，為所有產業帶來營運方式的創新。」就像超迴路列車運輸科技的執行長安德烈斯・德・利昂（Andres de Leon）所言，超迴路列車是一個會使人類生活達到另一個境界的交通工具。

但要實現商業化，仍有需多課題須要完成。雖然各國政府正在逐漸放寬法規限制，「安全性」還是最重要的考量。由於超迴路列車是在密閉的真空管內行駛，又是自動駕駛，因此發生安全事故或犯罪時，會很難停駛並迅速作出應對，而這很有可能會引發重大事故。因此，我們應該要應用 AI 技術，不斷研究該如何進行改善，找出解決方案。

「經濟效益」則是另一個有待完成的課題。新技術分析公司 Lux Research 在一份題為《分析為實現超迴路列車需克服的技術性障礙》的報告中指出，想要實現超迴路列車的商業化，最大的障礙不是技術，而是經濟效益。這是已通過技術測試、準備營運的相關企業們目前共同面臨的問題。

2021 年 6 月，馬斯克的無聊公司在拉斯維加斯會議中心的地下建造了長達 2.7 公里的「拉斯維加斯會議中心環狀線」（LVCC Loop），並在混凝土博覽會期間提供了乘客運送服務。這項工程的

總成本高達 5250 萬美元，但時速只有 64 公里，遠不及馬斯克當初宣稱的 240 公里，而且運輸效率很低。根據美國國家城市交通行政官員聯合會（NACTO）的資料顯示，公車和鐵路的每條車道分別能運送 8000 名和 2 萬 5000 名乘客，地鐵的運輸能力每小時則達到近 10 萬人，但 LVCC Loop 的最大運輸能力每小時只有 4400 人，遠不如現有的交通工具。

　　儘管超迴路列車仍有不少課題需要面對，但隨著氣候變遷帶來的危機日益增加、政府越來越迫切需要減少碳排放，相關支援將會增加，企業也將會加快步伐，開發速度將會隨之提升。超迴路列車無庸置疑是個將會譜寫出新的運輸歷史的新一代交通工具。

　　在韓國，釜山正夢想成為超迴路列車的先驅城市。韓國政府正在就「首爾－釜山」超迴路列車的建造計畫進行討論。也有專家提議在日韓海底隧道引進超迴路列車，因為引進超迴路列車能克服日韓海底隧道的局限性。日韓海底隧道計畫從釜山、巨濟島出發，經過對馬島，連到日本九州佐賀縣的唐津市，若這條海底隧道建成，將能從日本搭火車到俄羅斯。

　　但是日韓海底隧道的長度是英法海底隧道總長度的 4 倍左右，建設成本估計最少 60 兆韓元，最多約 200 兆韓元，因此經濟效益受限。但若引進超迴路列車，將能大幅減少建設成本。

　　始於超迴路列車的對未來交通的想像，現在已經延伸到了橫跨海洋、連接陸地的海底隧道。若超迴路列車在各國實現商業化，機場將有可能逐漸消失，人類的生活也將會發生創新變化。

第 **6** 章

▼

ESG Management
為了公司的未來，請建立 ESG 生存策略

未來的樣貌

2021 年 7 月，CNN 報導了一則令人震驚的消息。那就是極端高溫導致格陵蘭島的冰僅一天就融化了 85 億噸。據說這個量足以將整個佛羅里達州淹沒 5 毫米左右。史無前例的熱浪、百年來的大洪水、吞噬掉城市和森林的沙塵暴和森林大火……各種極端天氣使得地球陷入了恐懼之中。氣候穩定性急遽崩潰引發的氣候變遷作出反擊、摧毀世界各地，甚至給經濟環境和金融市場帶來了衝擊。

全球再保險公司瑞士再保險在一份報告中估算，2020 年全球保險公司因自然災害和人為災害共損失了 830 億美元。這比 2019 年增加了 32%。光是美國加利福尼亞州和奧勒岡州等地就發生了 800 多起森林大火，而導致保險公司們收到了數十億美元的索賠。2021 年 2 月，史無前例的寒流襲來，導致煉油設備、半導體等主要生產設施一度停止運作。

新冠疫情總有一天會結束，但氣候變遷並非如此。這也就是為什麼 ESG 管理不是「選項」，而是企業的「必走之路」。今後，企業將改變事業型態，以實現低碳轉型管理和碳中和目標，全世界將迎來「新氣候體制」。

什麼是ESG？

氣候危機帶來的全球經濟新模式

「彷彿就像是看到世界末日一樣。」

「火焰不斷復燃，吞噬掉了整座森林。森林成了火藥庫。」

這些話是最近在世界各地目睹森林大火的人們所說的話。2021 年上半年，全球各處慘遭大火吞噬，並被籠罩在濃煙和有毒氣體中。不僅是美國和加拿大西部、西班牙加泰隆尼亞州的赫羅納，森林大火甚至燒到了「冰封之地」西伯利亞。襲擊了俄羅斯遠東聯邦管區內的薩哈共和國首都雅庫茨克的大火可以說是一場大災難，250 起森林大火瞬間就把面積相當於兩個盧森堡的土地燒成灰燼。

這場森林大火不是只有產生臭氧、苯、氨等化學物質和有毒氣體，其產生的量甚至超過了城市的排放量。此外，這場大火產生的懸浮微粒更是超過了世界衛生組織（WHO）提出之安全標準的40 倍。如此致命的量若被人體吸收會導致器官損傷。

引發這些森林大火的原因正是全球暖化。世界上最冷的城市雅庫茨克寒冬時的氣溫本應低於攝氏零下 50 度，但受到全球暖化的影響，其夏季氣溫正在以比全球平均速度快 2.5 倍的速度上升。這次的森林大火也是極端高溫和乾旱導致的結果。

讓世界停止轉動的氣候危機將加快ESG的步伐

　　這也會對整個地球造成破壞性的影響。歐盟的「哥白尼大氣
監測服務」的觀測結果顯示，薩哈共和國發生森林大火時產生的二
氧化碳總量達到了 65 百萬噸（Megaton），遠高於過去十七年的平
均排放量。二氧化碳加速了全球暖化，極端高溫引發了森林大火，
森林大火導致永凍層（Permafrost）融化，永凍層中的溫室氣體因
而大量釋放。我們若不打破這個惡性循環，地球就會被燒得越來
越體無完膚。我們說不定還會在不久後的將來目睹「空氣末日」
（Airpocalypse），也就是目睹空氣汙染導致的末日到來。

　　就像新冠大流行導致全球經濟萎縮一樣，氣候危機引發的森
林大火、熱浪、洪水等自然災害也會對經濟造成致命影響。除了人
員傷亡之外，主要城市市中心的道路、鐵路、橋梁等基礎設施也會
遭到破壞，這必然導致所有產業的活動萎縮。此外，氣候危機不僅
會造成經濟危機，還會威脅到人類的永續生存，因此企業們不能再
對這個問題保持沉默了。

　　美聯儲已經開始將氣候變遷視為經濟風險因素及相當於 2008
年金融危機的一大威脅。他們認為，氣候變遷不僅會擾亂營商環
境、對經濟低效率產生致命影響，還會成為對金融市場和企業信用
造成負面影響的主要因素。為了從氣候變遷的風險中保護金融系
統，美聯儲成立了金融穩定氣候委員會（Financial Stability Climate
Committee，以下稱 FSCC），以觀察氣候變遷將給美聯儲監督的金

融機構帶來哪些系統性風險。

到目前為止，企業經營活動的核心是增加銷售額和利潤。但隨著營商環境發生變化，企業們面臨著難以持續成長的局限性。過去被認為沒有財務價值重要的領域現在成了預料之外的風險，給企業帶來了巨大的損失。我們已經進入了一個從長遠角度來看，各種外部環境（例如：新冠大流行、氣候危機、各種社會問題）會對企業價值和永續性造成更大影響的時代。也就是說，ESG 管理的時代已經到來。

企業價值的新模式：什麼是ESG？

ESG 指的是企業自行保護及管理環境（Environment）、社會（Social）、公司治理（Governance）的方式。現在的企業有責任透過這些非財務因素創造具有永續性的績效。

首先，「E」為環境的縮寫。環境可能會變成「綠天鵝事件」（氣候變遷引發金融危機）的原因，因此人們變得越來越關注環境。它會使企業們了解其應該在氣候危機和碳排放方面發揮什麼作用，並付諸行動。

「S」為社會的縮寫，指人權、勞動、供應鏈管理和社會責任等企業的非財務因素。1996 年發生的 Nike 抵制運動就是一個例子。當時在巴基斯坦的 Nike 足球工廠工作的少年做一顆球能領到的工

資只有 0.65 ～ 0.75 美元左右，與一顆足球的價格相比，金額少得可憐。「象徵孩子夢想的足球竟在剝削兒童」這個消息一傳開，美國的民間團體發起了抵制 Nike 的運動，Nike 的銷售額因此減半，股價隨之暴跌。

在那之後，白宮制訂了保障人權和勞工的國際原則。1998 年，國際勞工組織（ILO）頒布了包括消除強迫勞動和童工在內的四項原則。如今，這四項原則在 ESG 的 S 中的勞動領域發揮著全球參考依據的作用。像這樣，強調企業社會責任的 S，正在變得越來越重要。

「G」指公司治理，是用來衡量一家企業是否有做好其該做的事的指標。也就是說，G 能確保管理層、股東、董事會將保障所有投資人不會因為經營者謀求個人利益而受到侵害。世界經濟論壇就將 ESG 中的「公司治理」視為為實現永續經營必須具備的首要條件，因為如果沒有健全的公司治理體系，企業內部很有可能會發生風險。

大部分的 ESG 評鑑機構會重視公司治理，也正是因為公司治理為風險的關鍵因素。對此，標準普爾（S&P）強調，「了解決策過程中有哪些治理風險和機會極為重要，因為糟糕的公司治理慣例正是某些企業的醜聞核心」。

ESG是怎麼誕生的？

ESG 的概念最早可追溯至 2003 年的「聯合國環境規劃署金融倡議」（UNEP FI），並於 2005 年出現在「聯合國全球盟約」（UNGC）發布的一份報告《關心的人勝出》（Who Cares Wins）中。2006 年，聯合國全球盟約和聯合國環境規劃署金融倡議共同發起「責任投資原則」（PRI），並對 ESG 訂下了具體定義，這意味著進行投資決策和資產管理時會將 ESG 納入考量。

責任投資原則由「責任投資六大原則」組成，包括將 ESG 議題納入投資分析及決策過程、將 ESG 議題整合至所有權政策與實務、要求揭露 ESG 資訊等內容。截至 2022 年 4 月，全球已經有近 5000 個機構簽署了聯合國責任投資原則。

ESG 的起源可以追溯到工業革命時代。當時，隨著一氧化碳和童工問題成為焦點，全世界形成了一個「企業經營不能對環境和社會造成危害」的共識。隨著人們越來越重視環境管理、倫理管理、永續經營，之後還出現了全球性準則。ESG 可以說是永續經營和社會責任逐步進化、被標準化後形成的一種制度。

ESG 的關鍵為永續性。其指當前世代努力避免浪費或耗盡後代子孫的經濟、社會、環境資源，讓這三達到平衡的狀態。只要這三個要素中有任何一個弱化，就會難以實現永續經營。換句話說，我們正處於「零成長時代」，過去的成功模式已不再適用。因此，非財務因素正在成為風險、給企業帶來巨大損失。在這種情況下，

ESG 可以說是保證永續性最重要且面向未來的管理方式。

　　從全球層面來看，1987 年聯合國與世界環境與發展委員會（WCED）發表的《我們共同的未來》（Our Common Future，又稱《布倫特蘭報告》）首次將永續性加入了重要議題。人們會正式將包括環境和發展問題在內的永續發展議題視為全球性的長期議題，這份報告發揮了重大的作用。而之後在美國阿拉斯加灣發生的埃克森油輪瓦迪茲號漏油事件成為了制訂「瓦迪茲原則」（Valdez Principles）的契機。瓦迪茲原則聲明，企業應該正確認識其會對環境和社會產生巨大的影響，並應努力改善。在聯合國環境規劃署的資助下，在 ESG 中扮演重要作用的全球倡議就此形成。

　　1992 年，《里約宣言》（Rio Declaration）通過，其旨在同時追求發展與維護環境。《里約宣言》中包含了三大國際環境公約，這些公約相當於當今 ESG 中的 E 領域的全球參考依據。此外，在《巴黎協定》取代《京都議定書》（Kyoto Protocol）後，防止全球暖化的國際公約《聯合國氣候變遷綱要公約》（UNFCCC）開始負責反映與氣候變遷和環境有關的主要焦點問題。

　　現在，全球報告倡議組織（GRI）會發布企業撰寫永續報告書時必須參考的重要依據。2016 年，全球報告倡議組織制訂了全球永續性報告標準「GRI 準則」。在此之前，全球報告倡議組織準則已於 2000 年發布了 GRI 指南（G1），這是第一個關於永續性報告的全球框架。目前，全世界一共有 1 萬 5402 個組織在依循 GRI 指南發行永續性報告。

新氣候體制的生存策略

為了應對氣候變遷，
疫後即將爆發「新經濟戰爭」

「為消除種族歧視，我們將投資 1 億美元，並與黑人大學合作，在全國設立 100 多個學習中心。」

2021 年 1 月，在全世界因為電動汽車話題而關注蘋果時，執行長提姆・庫克公開的既不是 Apple Car 的合作夥伴，也不是下一款 iPhone 的前景，而是蘋果將透過消除種族歧視計畫所提供的支援，也就是蘋果的 ESG 管理方案「種族平等及正義」（Racial Equity and Justice Initiative，REJI）計畫。

這個計畫的主要內容是什麼呢？蘋果將為全美國的黑人大學建立第一個教育中心「推動中心」（Propel Center），並為底特律地區的學生設立「蘋果開發者學院」（Apple Developer Academy），提供編碼和技術教育。這項計畫還包含為有色人種企業家提供創業投資基金。

蘋果還決定與保護國際基金會（Conservation International）、高盛公司共同推出 2 億美元的還原基金（Restore Fund）。這項基金將投資林地計畫，消除大氣中的碳，並為投資者帶來財務回報。為了在 2030 年之前實現碳中和，蘋果計畫減少其供應鏈和產品產

生之 75％的碳排放量，並利用還原基金移除大氣中的碳，來解決
其剩餘的碳排放量。為什麼蘋果明明未曾提過具體的 ESG 管理方
案，2021 年時卻發表了各種計畫呢？

疫後將爆發經濟主導權之爭

　　《巴黎協定》訂定的溫室氣體減排目標期限 2030 年即將到
來。巴黎協定是 2015 年 12 月由 195 個締約國在於巴黎舉行的《聯
合國氣候變遷綱要公約》第 21 次締約方會議中通過的協議，也是
在美國前總統歐巴馬的主導下簽署的協議。其內容包含逐步減少溫
室氣體排放量，把全球平均氣溫升幅控制在低於工業革命以前水準
的 2℃之內。

　　為實現這個目標，歐盟採取了增收稅金這個強烈的手段。
2021 年，歐盟執行委員會發布了旨在於 2030 年之前減少 55％溫室
氣體排放量的套案「Fit for 55」，展現出了其將淘汰掉化石燃料、
積極應對氣候變遷的強烈意志。這個套案的核心為「碳邊境調整機
制」（Carbon Border Adjustment Mechanism，CBAM），歐盟將透
過這個機制調查進口產品的碳含量，並從 2026 年開始對進口產品
徵收「碳邊境稅」（Carbon Border Tax）。2035 年起，歐盟將無異
於禁止銷售內燃機汽車。在此過程中，中國和俄羅斯估計會遭受最
大的衝擊，韓國產業也將會受到不小的影響。在歐盟宣布有意徵收

碳邊境稅後，美國政界也開始有人發聲，表示應該考慮徵收碳邊境稅。

其實，歐洲的「Fit for 55」中藏有歐洲想重組全球貿易秩序的強烈意圖。歐盟打算每年徵收 100 億歐元的稅金來保護本國的企業，並彌補龐大的財政支出，我們不難看出歐盟想假應對氣候危機之名，行確保脫碳經濟主導權之實。對此，其他國家的憂慮和譴責聲浪正在變得越來越大，其採取報復性措施的可能性也在加大。像這樣，各國目前都在藏起自身意圖的情況下應對碳邊境稅。

美國財政部長葉倫（Janet Yellen）也施壓表示，國際機構和金融機構應該積極採取行動以應對氣候變遷。也就是說，美國政府將審查金融機構是否有確實評估氣候變遷帶來的金融穩定性風險。這是為了實現拜登總統承諾在 2030 年之前讓美國的碳排放量較 2005 年減半的計畫而採取的其中一項措施。

此外，美國政府強調不僅是產業領域，金融領域也需要制訂新的框架。實際上，為了讓資金能集中流向 ESG 管理做得好的公司，美國金融當局正在修訂金融法規。因此，未來的投資格局勢必會發生變化，企業今後將不得不重視 ESG 投資。

當新冠大流行在某種程度上得到平息後，等待著全球經濟的將是氣候變遷引發的新經濟戰爭，各大企業究竟孰生孰死將會揭曉，失業、財富兩極化等經濟問題也將赤裸裸地浮出檯面，為了在這場戰爭中把握勝機，強國與跨國企業將會全面較勁。

為克服全世界面臨的危機，資本主義將進行重組

在歷經新冠大流行後，全球國債超過了國內生產總值（GDP），甚至達到了第二次世界大戰以來最大的規模。但在這樣的情況下，有的國家反而借了更多錢來增加政府支出。這是因為人們對國債的看法發生了變化，並樂觀地認為「高度的經濟成長可以抵消負債增加帶來的副作用」。但我們不能輕忽了國債可能會導致通貨膨脹或導致債務不履行事件。

據《金融時報》報導，美國國會若不提高債務上限，美國將在 2021 年下半年面臨償還債務所需的政府現金耗盡的風險。2021 年 7 月，美國的財政債務達到了近 28 兆 5000 億美元。為了避免債務不履行事件，美國財政部破格採取了調整稅收和支出的措施。但美國國會預算局擔心，透過這些措施籌集到的資金可能會比預想的快耗盡。

像這樣，用於新冠紓困和經濟復甦的現金流的不確定性正在變得越來越大。更大的問題是，這一切都會使已經處於現在進行式的氣候危機和社會危機進一步惡化。近來，有部分國家以新冠危機為由，未確實執行環境保護等 ESG。而在這個過程中，億萬富翁們的財富進一步變成了天文數字。與此同時，在社會各個角落發生的不平等現象仍未得到解決。這個世界反而在朝著更不永續、更不平等、更脆弱的方向發展。

為了避免最壞的情況發生，我們必須要徹底改變全球經濟和

社會體系，重建基礎。這既是我們必須讓 ESG 成為大趨勢的原因，也是我們為了避免災難性後果發生而採取的最後一道措施。一直以來企業們都將盈利當成了首要目標，但現在比起營業利潤，企業們更應該要將阻止氣候變遷、建立公平公正的社會當作主要目標，並具體付諸行動。

世界經濟論壇主席克勞斯·史瓦布在達沃斯論壇上主張，「從現在起，企業們不僅要為股東，還要為所有利害關係人，即國民，提供環境保護和社會福利服務」。為此，資本主義必須進行重組。企業們應該要能在市場取得公平公正的成果。投資人今後將會以致力於解決全球不平等現象及氣候危機的企業為中心進行投資。因此，企業們應該要成立 ESG 委員會並具體付出努力，並在永續性報告中揭露實質性的結果。這麼做不但能拯救相關企業，還能拯救全世界的資本主義。

評鑑的依據和方法

ESG 評鑑能否成為永續創造價值的工具？

「你說 ESG 嗎？當然是企業為求生存必須具備的條件，也是投資人在評估企業價值時會考慮的主要因素，但評鑑機構實在是太多了，又沒有一定的標準，所以讓人感到很混亂。」

「有許多機構都在經營 ESG 評鑑事業，但每個機構給的分數都不一樣，害我們每次制訂 ESG 策略時都會吃盡苦頭。」

這是令所有在經營現場負責 ESG 相關業務的人感到苦惱的問題。ESG 相關資訊的需求正在劇增，但每家評鑑機構的評鑑標準和報告標準都不一樣，這讓企業、投資人和相關業務負責人陷入了混亂。這種混亂是阻礙企業積極實現 ESG 管理的絆腳石。

目前，全球 70 個國家一共有約 360 個 ESG 評鑑標準，較具代表性的有摩根史坦利的明晟永續指數（MSCI ESG）、美國標普道瓊指數公司的道瓊永續指數（DJSI）和標普 500 指數（S&P 500 ESG Index）、富時羅素（FTSE Russell）的富時社會責任指數（FTSE4Good）、晨星公司（Morningstar）的 Sustainalytics 等，這些機構的評鑑標準和公告方式皆不相同。

公司價值評估標準是否造成了不公平的競爭？

　　ESG 正逐漸在變成非遵循不可的 IPO 系統。受到全世界範圍的認可、企業上市前必須通過的這個 IPO 系統，在企業致力於實現事業的永續性、連接整個世界的過程中提供了重要的洞察力。韓國也將從 2025 年開始強制要求資產達 2 兆韓元以上的上市公司揭露 ESG 資訊，並從 2030 年開始要求所有在韓國交易所上市的公司揭露 ESG 資訊。像這樣，ESG 正在成為企業的價值評估標準。

　　諮詢公司和新聞媒體也參與了 ESG 評鑑事業。美國的《華爾街日報》就是最具代表性的例子，其會對全球 5000 家企業進行 ESG 評鑑後，公布「百大永續管理企業」（The 100 Most Sustainably Managed Companies in the World）。正如前面所說，雖然有許多機構都在進行企業的 ESG 評鑑，但各機構的評鑑指標和範圍各不相同。

　　摩根史坦利的評鑑範圍為 CCC 到 AAA，一共分成 7 個等級。湯森路透（Thomson Reuters）和晨星則分別分成 12 個等級和 5 個等級。也就是說，就算同樣是拿到 5 分，也會因為評鑑機構不同，最終得到不同的解釋和評鑑結果。美國麻省理工學院的研究結果顯示，MSCI 和湯森路透的 ESG 評鑑的相關係數只有 0.38。這意味著每個機構的行業分類標準、使用數據、評鑑方法等各不相同。

　　舉例來說，特斯拉雖然在 MSCI 的評鑑中獲得了中上等級「A」，但在 JUST Capital 的評鑑中卻被歸類在倒數 10％的等級裡。

雖然 MSCI 為特斯拉的環保能源政策加了很多分，JUST Capital 卻認為與其他企業相比，特斯拉在顧客應對、安全事故問題等「S」要素方面顯有不足。若再以韓國的代表性平台企業 Naver 為例，2020 年 Naver 在韓國公司治理服務（KCGS）評鑑的 7 個等級中獲得了 A（第二高等級），在 MSCI 的評鑑中也獲得了 A，但標準普爾卻在「沒有參與標準普爾要求的問卷調查」的前提下只給了 10 分（滿分 100 分）。像這樣，各評鑑機構給出的評鑑結果有著天壤之別。

目前最多跨國企業和金融機構使用的指標為 MSCI 的 ESG 評鑑。在所有的評鑑機構中，MSCI 使用的基礎數據點最多，約有 700 個。MSCI 根據產業分類將企業分成了能源、材料、金融、資訊科技等 11 大類，接著又將其細分成了子產業、賦予加權值來進行評鑑。不過，也有專家們認為 MSCI 的評鑑方式較為複雜，因此碳排放量等重要的個別指標的辨識度沒有我們想的高。還有一點不能輕忽的是，全球評鑑機構都有反映出避險基金的利害關係。

在 MSCI 的評鑑中，銷售額快速成長的企業很難得到高分。MSCI 在評鑑碳減排時使用的指標為「總排放量」，因產量增加而提高工廠稼工率的企業當然就會遭受不利影響。因此，若適用從早期就進行 ESG 管理評鑑的歐洲的標準，韓國企業在接受國際評鑑時當然就會處於不利的地位。因為韓國高度依賴重工業，難以擺脫環境汙染的爭議。

此外，韓國的人均汙染物排放量比中國多，綠色能源的研發

投資成本也低於歐洲國家。其他像是在社會貢獻方面側重捐款活動這點，在國際社會也是一大弱點，因為海外評鑑機構給環境領域的加權值比這個領域高。因此，對韓國企業來說，即便是一個小醜聞也會變成為致命的不利因素，或導致其努力展開的 ESG 管理活動得到過低的評價。若像這樣將沒有考慮到韓國社會特性的全球評鑑標準照搬來用，韓國企業勢必會處於劣勢。

那韓國的評鑑機構又如何呢？韓國的評鑑機構雖然很清楚國內的商業環境，但在能力方面存在著局限性。首先，韓國評鑑機構的調查忠實度很難追上全球評鑑機構的水平；在「E」領域，韓國評鑑機構難以收集數據；在「S」領域，標準是否適當存在著爭議，因此這個領域在評鑑上反映出來的比重比較低。考慮到各機構評鑑出來的結果皆不相同，企業有必要制訂策略，決定要重點應對哪家機構的評鑑。

ESG評鑑應將重點放在「人」上，並不忘將風險最小化

從氣候變遷、資源限制、經濟不平等到種族不正義，國際社會長久以來都未能建立一個能有效共享與社會、環境挑戰有關的風險和機會的體系。因此，我們有必要透過 ESG 評鑑建立一個具有一致性且全面的 IPO 系統。其不僅能讓企業創造出永續性價值，還能被企業當成衡量、傳遞這些價值的有用工具。此外，它還能連

接所有有商業活動運作的世界。

上述關於評鑑標準的問題將會逐漸得到改善。在這個過程中，實現全球一致性並降低複雜度是關鍵課題。過多的競爭標準、框架和倡議不應該阻礙市場發展。若為了評鑑而評鑑、導致惡性競爭，最終只會使混亂加劇。

延世大學管理學院副院長安德列斯·吉拉爾（Andres Guiral）便強調，「評鑑機構應該要去評鑑能夠創造實際價值的實質性活動，而不是去評鑑象徵性的活動」。也就是說，比起依賴評鑑機構的分數，企業應該要將重點放在核心事業上，並提高產品的品質和消費者的滿意度。此外，吉拉爾教授還補充，提高員工的滿意度可以獲得更好的評價。他的意思即是，企業的 ESG 活動不應被視為附帶事業，而是應該要將其融入核心事業。

企業的 ESG 策略唯有在不是單純應對法規，而是進一步在開發新產品和技術時加以實踐，才能夠實現更高層次的 ESG 管理。企業不應該是迫於政府的法規和投資人的要求而進行 ESG 管理。唯有透過產品及服務創新、將 ESG 作為核心管理原則，企業才有機會存活下來。

目前的 ESG 正在由民營企業主導，ESG 評鑑的主體也是民營機構和市場。雖然民營 ESG 評鑑機構氾濫，但這也是該由市場解決的問題。對於「企業需要有個實用的工具來衡量與傳遞其具有永續性的價值創造」這點，我們都已經達成了共識。現在，該是我們共同努力、加強合作，來讓彼此的目標達到一致的時候了。為了讓

市場邁向更具永續性、更靈活的未來，我們應該要將個人的野心化為 ESG 集體行動。

事業和公司治理的重要性

永續發展取決於對 ESG 的誠意

2021 年 7 月，現代汽車集團宣布旗下的五家子公司將在 2050 年之前實現「RE100」。也就是說，這五家子公司使用的電力將 100％改用風能、太陽能等再生能源。但綠色和平組織指出，現代汽車提出的目標年度太過閒散、懶惰，將目標年度訂為 2050 年只是為了趕上最後期限而已。因為加入 RE100 的跨國企業們的平均目標年度為 2028 年，足足比現代汽車快了二十三年。

「漂綠」（Greenwashing）爭議是隨著全球全面展開 ESG 投資而產生的副作用。企業若誇大宣傳自己環保的一面，終究只會降低自己的信賴度。說到底，ESG 管理的關鍵是「誠意」。若未從根本進行實質性的改善，只將 ESG 作為宣傳企業形象的工具，投資人最終將轉身離去。ESG 熱潮並非一時的流行，而是個不可逆變化的開端。因此，草率地跟風模仿，等同於犯下致命的失誤。

「世代投資管理公司」（Generation Investment Management）的報告也表明了對漂綠的擔憂，該公司在趨勢報告中指出，「雖然大家不分你我做出了零碳、環保、再生農業等承諾，但實際上能否實現高度環保是個疑問」，這是因為大多數的企業雖然有從長遠角度做出環保承諾，但卻沒有提出具體的短期實踐計畫。

在ESG評鑑中獲得最高等級的企業正在付出哪些努力？

　　全球企業中，哪家企業得到的 ESG 評分最高呢？答案是微軟。微軟自 2017 年至今，在 MSCI 的評鑑中都獲得了最高等級，在標準普爾 ESG 指數和 FTSE4Good 中也位居前列。微軟之所以能得到這麼好的評鑑結果，是因為它被認為是減碳的模範。

　　2019 年起，微軟決定消除大氣中的碳，且其量高於公司營運過程中產生的碳排放量。實際上，微軟的碳排放量確實比前一年少了 6％（約 73 萬噸）左右，因為微軟將其遍布全球的資料中心和建築物所使用的能源轉換成了再生能源。此外，微軟還建立了將在 2025 年之前把資料中心和其他設備的用電 100％轉換為再生能源的計畫。

　　微軟自 2018 年起，就在蘇格蘭奧克尼群島附近的海域進行了海底資料中心的試運行。這項名為「Project Natick」的實驗將資料中心放入了北海冰冷的大海中，使其能進行自然冷卻，並以潮汐能和波浪能發電，供應輸出入資料和運算時所需的電力。微軟正準備打造一個規模為蘇格蘭實驗 12 倍的商業海底資料中心。此外，微軟還在推動「水資源正效益」（Water Positive）計畫，其計畫減少全世界「微軟矽谷校園」（Silicon Valley Campus）的用水量，並以水資源回收系統供水。

　　值得關注的是，微軟正積極將 IT 用在 ESG 上。微軟正在透過 2017 年啟動的「AI for Earth」計畫，與世界各國的生態學家和

環境保護機構合作，提供能夠解決環境問題的技術支援。此外，微軟提供給 100 多個國家的「永續性計算機」具備 AI 和數據分析功能，因此會幫忙管理企業的永續續性資料。微軟還正在環保領域推出新的交易平台、制訂各種合約標準，將 ESG 管理融入新事業、創造新事業。透過這些具體的管理內容，微軟成了引領各行業 ESG 標準的領頭羊企業。

那麼在韓國，有哪些企業制訂了 ESG 永續目標呢？SK 集團正是韓國的代表性企業。作為 ESG 管理的一環，SK 集團正站在前線，建立世界級的公司治理體系。2021 年 7 月，SK 集團表示，其僅在 2020 年就透過 ESG 管理創造了超過 1 兆韓元的社會價值。

SK 集團旗下的 SK 創新正在將以煉油、化學為中心的事業組合，重組為以「綠色環保」為中心，其還公開了《為於 2050 年實現淨零排放提出的具體方案特別報告》。這是韓國企業首次揭露具體的淨零排放推動計畫。對於在產品製造及電力生產過程中產生的碳排放量，SK 創新計畫到 2025 年減少 25％，2030 年減少 50％，2050 年實現淨零排放。為此，SK 創新將從現在到 2030 年投資 1 兆 5000 億韓元，提高環保燃料和太陽能、風力等新及再生能源的使用比例。

圃美多比 SK 集團更早實施 ESG 管理。在 KCGS 的 ESG 評鑑中，圃美多是首家連續四年所有項目皆獲得 A+ 的食品企業。在 2020 年 Sustinvest 公布的下半年上市企業的 ESG 評鑑中，圃美多也獲得了最高等級。圃美多的 ESG 的重點課題是研發「植物基躍進」

（Plant Forward）食品，其推出的肉類替代品「高蛋白豆腐麵」獲得了相當好的反響。此外，圃美多將 ESG 要素融入了整個產品生產過程中。圃美多正在將工廠建設成能最大限度減少能源浪費的被動式建築，並計畫到 2022 年底 100％使用環保包裝紙。圃美多也正在積極考慮在物流及運輸領域使用電動汽車。

　　但是，就連微軟也不願意揭露企業資訊。因為要是在年度報告中加入 ESG 資料，不確定性就會增加，這很有可能導致企業面臨法律訴訟等風險。不過金融當局和資產管理公司今後應該會不斷施加壓力、要求企業揭露資訊。在公司治理方面，唯有透明地公開企業資訊，才能確保實施 ESG 管理的意義。

必須要有誠意，企業才能存活下來

　　ESG 管理要的並不是用故事包裝形象。唯有透過事業具體付諸行動，才能證明企業的誠意，而最具代表性的企業就是巴塔哥尼亞（Patagonia）。巴塔哥尼亞實踐「永續經營」已經五十多年了。除了歷史悠久外，巴塔哥尼亞的另一項特別之處就是其雖然沒有全面宣傳 ESG，卻是最澈底實踐 ESG 的企業。

　　更重要的是，巴塔哥尼亞不斷制訂並執行了永續策略。最具代表性的例子，就是透過全公司的行銷活動進行環境管理，並指定「全球零廢棄（Zero Waste）週」、展開旨在警告環境汙染危害的

運動。此外，巴塔哥尼亞每年還會在「捐1%給地球」（1% for the Planet）的口號下，捐贈銷售額的1%給當地環境和社會活動家。巴塔哥尼亞到目前為止共捐助了將近1.4億美元。

除此之外，巴塔哥尼亞還在經營可以買賣其二手商品的網路商店、販售用再生材料製作的新產品。從產品設計、生產、銷售到公司經營，巴塔哥尼亞都持續在實踐ESG概念。2007年，其開始公開了所有生產工廠的ESG資訊。巴塔哥尼亞還制訂了將在2025年之前實現RE100，並提高產品中再生材料比重的經營目標。

巴塔哥尼亞的ESG會受到關注的另一個原因，是因為他們正在營運一個與同行分享其ESG精神的社群。巴塔哥尼亞會與追求類似目標的人討論該如何實踐永續性並交換資訊，也會為剛開始進行ESG管理的新創企業提供諮詢。那巴塔哥尼亞的業績如何呢？作為世界級的永續經營企業，巴塔哥尼亞光是2015年後在韓國的複合年均成長率就超過了30％。考慮到巴塔哥尼亞每年都會捐贈銷售額的1％，我們可以推算出其全球業績每年都在持續成長10％以上。

更令人驚訝的是，無論業績如何，巴塔哥尼亞都會將前一年營業利潤的10％撥為社會責任（CSR）預算。正因為如此，巴塔哥尼亞被認為是證明了「ESG管理即為一家企業的永續性財務故事及事業」最具代表性的企業。

比起ESG管理報告或指標，更重要的是誠意。企業應該要在經營事業的過程中努力減少碳排放，在生產和銷售活動中反映ESG

精神，並透過透明的公司治理減少工業意外。唯有為共生共存付出最根本的努力和誠意，才能為成為優秀的 ESG 企業之路奠定基石。

為什麼在ESG管理中「公司治理」很重要？

通常「G」代表「公司治理」，指企業等組織營運的整個系統。「公司治理」與企業管理的透明度和公正性有著密切的關係。在企業活動中，公司治理會判斷企業是否有確實對資本市場揭露資訊、與公司組織及職務相關的內部控制是否有效、是否有適當進行相互牽制和監督，而能保障企業經營的透明度。

越來越多標榜 ESG 管理的外國企業正在將重點放在「G」的相關對策上。實際上，國外的 ESG 評鑑機構每年都在增加新的 G 指數，包含董事會的女性董事比率、CEO 的薪資計算方式、游說資金、反賄賂措施、風險管理等公司治理評鑑指標。然而，韓國企業適應這些變化的速度較為緩慢。與「E」和「S」相比，韓國企業在建立確保企業經營透明度的「G」相關對策時，仍然比較消極。

三星電子就是最具代表性的例子。與被歸類在同一行業的蘋果相比，三星電子的平均 ESG 指數領先在前。然而蘋果的 G 指數為 30，比三星電子高 7 分。汽車領域也是如此。雖然現代汽車在三個領域都領先於豐田，其子集團起亞的 G 指數卻落後於豐田。SK 海力士的這三個指數都落後於台積電，且 G 指數的排名差距最

大。這是因為韓國公司的企業經營是以董事長為中心運作,導致韓國企業比跨國企業晚注重公司治理,且應對較為被動。

對此,韓國金融當局和資產管理公司正在敦促韓國企業要區分董事長和總經理、進行董事會改革等,為提升企業經營透明度付出更多的努力。近幾年來,韓國企業加快了成立 ESG 管理委員會的步伐,我們能切身感受到公司治理的重要性。實際上,韓國十大集團的主要子公司都成立了 ESG 委員會。韓國大企業紛紛成立 ESG 委員會,可以解釋為這些企業開始重視起了會對企業的中長期價值產生巨大影響的非財務績效,而不再只依賴短期、量化的績效指標。但重要的並不是成立委員會,而是要賦予委員會實質性權限,讓他們能確實進行討論並發揮影響力。

雖然在 ESG 投資和 ESG 管理中,公司治理受到的關注比環境和社會少,但公司治理才是最重要的領域。唯有建立一個公正、符合倫理的治理體系,才能持續檢查 ESG 的履行過程。為了將 ESG 融入整體經營活動、推動淨零排放、開發並投資具有潛力的事業、實施中長期策略,公司治理的作用勢必會變得越來越重要。

投資新模式

全球資金湧入 ESG

「氣候變遷雖然不是發生在金融產業，但與能在金融業感受到之其他類型的衝擊相似。金融市場必須為氣候變遷帶來的挑戰做好準備。」

2021 年 3 月，美國聯準會理事布蘭納德（Lael Brainard）在某次演講中警告，氣候變遷對金融造成的影響相當嚴重。她強調，全球氣候變遷將有可能會帶來不可預測且嚴重的潛在經濟和財政影響，因此必須加快轉向綠色經濟的速度。布蘭納德理事也曾在 2019 年強調，「氣候危機可能會導致不確定性」這件事本身可能會妨礙投資和經濟活動。

對企業們來說，碳減排是目前最亟待解決的問題。歐盟、美國、中國都保持著相同的路線。因此，企業們若是不改善結構，今後將會需要繳納巨額稅金。金融市場已經開始不再對無視 ESG 的企業進行投資了。

在投資市場，資金也將會湧入追求 ESG 的企業。投資人在將特定企業選為投資對象時，會不得不把 ESG 要素作為選擇標準。

在碳邊境稅面前企業們將無處可逃

2021 年 7 月，歐盟執行委員會發布了碳邊境調整機制草案。這份草案將在 2023 年 1 月 1 日生效，並在三年的過渡期後，也就是從 2026 年起正式實施。此外，執行委員會將透過施行細則，具體制訂法案細節，像是碳排放量的計算方法、在原產地支付的碳定價、認證、證書價格、過渡期的報告提交義務等。

繼歐洲之後，美國也在考慮徵收碳邊境稅。民主黨正在考慮對氣候變遷政策脆弱的國家的進口商品徵收稅金。民主黨參議員就推動「基礎設施投資、氣候變遷應對、家庭服務」的支出計畫達成協議時，將「汙染排放國進口稅」列入了籌資方案。這反映了美國政府決定將對不努力減少碳排放、只想著搭其他國便車之國家的產品徵收稅金的決心。

世界最大的碳排放國中國也宣布了「淨零排放」目標。習近平主席在 2020 年聯合國大會視訊演說中宣布「中國的碳排放將於 2030 年前達到峰值，並在 2060 年前實現碳中和」。2021 年 7 月，全國碳排放權交易市場在上海開市。這是為了實現習近平主席宣布的「2060 年碳中和」所採取的第一項措施。中國政府每年都會發放一定的碳排放配額給上海環境能源交易所市場中的企業。若企業努力減排後有剩餘的配額，可以出售給不夠的企業。中國計畫持續減少授予各企業的碳排放配額，來減少溫室氣體總排放量。

不過有觀察認為，中國的碳中和宣言只會停留在口號上。這

是因為為了實現碳中和，就必須減少火力發電，但 2021 年上半年全球 60％的新火力發電廠都建在中國。像這樣，圍繞著碳中和及碳邊境稅，不斷有意見分歧和爭議在出現。儘管如此，沒有國家和企業能避免當前這個情況是不爭的事實。

曾獲得諾貝爾經濟學獎、哥倫比亞大學的客座教授約瑟夫．史迪格里茲（Joseph Stiglitz）警告，「碳定價問題將引發比 2008 年還嚴重的金融危機」。正如 2008 年的金融危機始於次級房貸、抵押貸款定價錯誤為問題的根源，目前的碳定價也存在著問題。說白一點，就是目前的碳定價過低，根本就不是能實現氣候目標的水平。約瑟夫．史迪格里茲教授預測，要是碳價格繼續這麼低，碳排放抑制計畫和法規將無法再取得進展。

關於這點，經濟合作與發展組織（OCED）的祕書長安赫爾．古利亞（Angel Gurria）也主張應該要進一步提高碳價。像這樣，各界正在積極提議為實現淨零排放應大幅提高碳價。要是現在不加緊腳步為實現碳中和付出努力，今後將難以從全球「碳戰爭」中存活下來。無論是製造業還是金融業等其他領域，又或者是「錢」所匯集之處，這個模式都會帶來巨大的影響。

巨額資金開始流向ESG

ESG 投資幾乎可以說是始於全球最大資產管理公司貝萊德

（BlackRock）的執行長拉里・芬克（Larry Fink）的一封信。2021 年 1 月，拉里・芬克在致企業執行長們的年度信函中要求企業「揭露說明其商業模式將如何與淨零排放經濟相容的計畫」。也就是說，貝萊德要求企業公開其將如何把碳中和目標整合到企業戰略中。這表達出了貝萊德決定今後投資時，將最優先考慮氣候變遷和永續性的決心。

影響全球資本流動的資產管理公司宣布「在客戶的優先順序上，最重要的就是氣候變遷」，讓 ESG 投資在資本市場中成為大趨勢，企業也因此不得不提出具體的碳中和策略。

實際上，全球各大機構已經在實踐 ESG 投資原則了。2020 年，荷蘭退休基金 ABP 出售了韓國電力公社 6000 萬歐元的股份。原因為韓國電力公社減少碳排放的努力不夠。此外，荷蘭退休基金還曾向浦項製鐵（POSCO）施壓，要求其與緬甸軍方企業緬甸經濟控股有限公司（MEHL）終止合作關係。因為浦項製鐵與緬甸經濟控股有限公司成立了鋼鐵合資企業，荷蘭退休基金擔心浦項製鐵會成為緬甸軍方的「搖錢樹」。歐洲投資人今後也很有可能會要求韓國企業揭露透明度更高的 ESG 資訊。

像這樣，全球退休基金已經開始透過「負面篩選」（Negative Screening）牽制企業了。負面篩選是一種在投資時會排除掉有 ESG 問題的企業的原則。與選擇投資 ESG 優秀企業的正面篩選相比，負面篩選更為積極。此外，全球資產管理業界也正在全面展開 ESG 投資。雖然各大資產管理公司是最近才開始積極參與 ESG 政策相

關投票，但這些公司將會越來越積極參與關於企業永續經營政策的投票。富達國際（Fidelity International ）也正在向投資企業施壓，要求其進行 ESG 管理。

富達表示，他們計畫從投資組合中篩選出大量排放溫室氣體或對碳排放產生巨大影響的 1000 多家企業，並檢查這些企業的氣候變遷應對狀況和董事會多樣性。富達警告，他們將投票反對未建立氣候變遷政策或未揭露碳排放量的企業的董事連任。

在韓國，ESG 投資趨勢也正在變得越來越強。韓國國民年金也宣布，其計畫在 2022 年之前將 ESG 投資擴大到 50％（400 兆韓元以上）。

就像貝萊德的執行長拉里・芬克所說的那樣，ESG 將成為最重要的投資標準。而且在接下來的幾年內，還會出現規模大到像是大陸漂移般的資金流動。

高寶書版集團
gobooks.com.tw

RI 360
2040 世界未來報告書：太空淘金、人機共生、移動革命、能源戰爭、ESG 策略，疫
後時代如何抓住正在崛起的工作與商機？
세계미래보고서 2022 - 메타 사피엔스가 온다

作　　者　朴英淑（Youngsook Park）、傑羅姆·格倫（Jerome Glenn）
譯　　者　金學民
責任編輯　林子鈺
封面設計　Z 設計
內文編排　賴姵均
企　　劃　何嘉雯

發 行 人　朱凱蕾
出　　版　英屬維京群島商高寶國際有限公司台灣分公司
　　　　　Global Group Holdings, Ltd.
地　　址　台北市內湖區洲子街 88 號 3 樓
網　　址　gobooks.com.tw
電　　話　（02）27992788
電　　郵　readers@gob　　s.com.tw（讀者服務部）
傳　　真　出版部（02）27990909　行銷部（02）27993088
郵政劃撥　19394552
戶　　名　英屬維京群島商高寶國際有限公司台灣分公司
發　　行　英屬維京群島商高寶國際有限公司台灣分公司
初版日期　2022 年 6 月

國家圖書館出版品預行編目（CIP）資料

2040 世界未來報告書：太空淘金、人機共生、移動革命、
能源戰爭、ESG 策略，疫後時代如何抓住正在崛起的工作
與商機？ / 朴英淑（Youngsook Park），傑羅姆·格倫
(Jerome Glenn) 著；金學民譯 . -- 初版 . -- 臺北市：高寶
國際出版：高寶國際發行，2022.06
　　面；　　公分 .--（致富館；RI 360）

ISBN 978-986-506-422-8（平裝）

1. 未來社會　2. 產業發展　3. 人工智慧

541.49　　　　　　　　　　　　　　　111006798